안동에 빠지다
안동홀릭

Andong Holic

안동에 빠지다
안동홀릭

서명수

서고

작가의 말

'정신문화의 수도'라 자부하는 도시가 있다.

경상도 내륙 아주 깊숙한 곳에 자리 잡은 古都, 안동이다.
조선(朝鮮)시대엔 사림(士林)의 본향이었다.
퇴계(退溪) 이황의 정신과 그의 향기가 이 도시 곳곳에 흘러넘친다.
안동에선 안동 김(金)씨, 안동 권(權)씨, 의성 김(金)씨, 진성 이(李)씨 등이 아니면 명함을 내밀지도 못한다.
KTX 노선이 개통되면서 서울에서 2시간 거리로 당겨졌지만 여전히 서울에선 강원도보다 더 먼 도시로 느끼고 있다.
익숙하면서 낯선, 그러나 어린 시절의 고향처럼 친숙하고, 조선시대 냄새가 물씬 풍기는 도시. 그러면서도 신도시 다운 역동성이 살아있는 도시가 안동이다.

작가의 말

넷플릭스 드라마 〈지금 우리 학교는〉의 주무대는 안동이다.

'넷플릭스' 전 세계 1위를 기록한 드라마 〈지금 우리 학교는〉의 주무대는 안동이다.

드라마 속 안동은 전 세계에 안동의 새로운 면모를 과시하게 했다. 드라마를 촬영한 성희여고 뿐 아니라 낙동강을 끼고 형성된 오래된 도시의 풍경은 안동에 한 번쯤 가보고 싶다는 욕망을 불러일으켰다. 안동에 가고 싶어졌다.

안동에 살기 시작했다.

서울이나 부산 대구 광주 등 대도시에 비해 안동에 사니까 편안해졌다.

안동에선 모든 게 여유롭다.

날마다 안동을 걸었고 안동을 먹다보니 빠져들었다.

익숙한 주변의 모든 것들이 어느 날 하나씩 눈에 들어오기 시작했다.
그것들이 내게 말을 걸어오기 시작했다.
안동의 오래된 주름살이 하나 둘 씩 내 눈에 선명하게 보이기 시작했고 스스로 속살을 드러내기 시작했다.
'안동국시'와 '안동찜닭', '안동 간고등어', 그리고 '안동 헛제사밥'의 심심하지만 담백한 맛의 내력도 내 귀에 속삭거리기 시작했다.

안동에 살면서도 무표정하기만 했던 내 시선은 부드러워졌고 투박하게 느껴졌던 거친 안동음식을 대하는 태도는 한결 푸근해졌다.

안동을 걷는다는 것은 안동에 담겨있는 이야기들을 하나씩 꺼내는 작업이었다.
안동을 먹는다는 것은 안동사람들이 살아 온 삶의 흔적들을 찾아내는 즐거운 탐험이었다.

안동에서의 봄여름가을 그리고 겨울은 그저 시간의 흐름을 느끼는 것이 아니었다.
안동에서의 하루하루는 안동음식을 찾아나서는 맛집 탐방이 아니라 안동에서 살아온 사람들의 삶의 궤적을 쫓아가는 달콤한 미각충족의 시간들이었다.

안동은 이제껏 우리가 알고 있던 고리타분한 양반과 선비의 도시가 아니다.
안동은 지금껏 우리가 봐왔던 오래된 도시가 주는 낡고 음습한 냄새가 나는 시골이 아니다.

〈안동에 빠지다, 안동홀릭〉은 안동에 대한 거창한 담론이 아니다. 그저 발길 닿는 대로 안동을 다니면서 느낌대로 끄적거리고, 그저 입에 들어오는 대로 먹으면서 미각으로 느낀 그런 이야기다. 이 책이 안동에 대한 선입관을 버리고 안동에 더 편안하게 다가가는 계기가 되었으면 좋겠다.

2022년 7월

차례

작가의 말 | 004
프롤로그 | 012

제1부
안동에 들어서다.

01 낙강물길공원 그리고 비밀의 숲 | 024
02 만휴정과 고산정 | 032
03 병산서원 | 040
04 선비순례길 | 047
05 안동역 앞에서 | 056
06 숨어있기 좋은 책방 | 064
07 고택(古宅)스테이를 즐기다 – 오류헌 | 073
08 낙동강 영호루 | 083
09 세계문화유산 봉정사 | 093
10 천년의 숲과 검무산 | 103
11 안동에도 있다. 신세동 벽화마을 | 113

제 2 부
안동을 먹다, 안동에 취하다.

- 01 안동국시 | 124
- 02 안동의 맛, 고향묵집 | 130
- 03 안동갈비와 냉우동 | 140
- 04 태평성대를 기리는 태평초 | 149
- 05 간고등어이야기 | 156
- 06 그 술 안동소주 | 164
- 07 닭의 품격 – 안동찜닭 | 178
- 08 안동국밥은 옥야식당이지 | 184

제 3 부
퇴계의 향기

- 01 퇴계의 향기, 도산서원 | 194
- 02 퇴계를 만든 춘천 박씨 | 204
- 03 국학진흥원 기록유산 유교책판 | 215
- 04 임청각과 정신문화의 수도 | 224
- 05 아 권정생 | 233
- 06 이육사문학관 | 242
- 07 원이엄마와 월영교 | 252
- 08 하회마을 | 263
- 09 체화정 | 271
- 10 소호헌 | 280

프롤로그

안동에 들어갔다.

안동에 빠졌다. 안동에 홀렸다.

쉼 없이 안동을 걷고, 달리고 먹었다.

첫 눈이 내린 어느 날 옛 '안동역'은 안동시외버스터미널 옆으로 이전했고 가수 진성의 '안동역 앞에서'의 무대는 다시는 기차가 오지 않는 쓸쓸한 장소로 전락했다.

안동역 인근에 있던 헌 책방 '오로지 책 마리서사'는 문을 닫고 '책마을'로 숨어들었다. 코로나바이러스사태의 여파다.

'비밀의 숲'으로 불리며 연인들의 비밀스런 데이트장소로 각광을 받던 '낙강물길공원'은 황량한 겨울 풍경에서 벗어나 다시 북적이기 시작했다.

봄꽃과 더불어 안동은 새로운 면모를 보인다. 가을과 겨울을 이겨낸 안동은 봄이 되자 생동감 있는 색깔을 띠기 시작한다.

안동이 말을 걸어오기 시작했고 내 귀도 안동의 소리를 알아 챌 정도로 트이기 시작했다. '어디 가니껴? 아침 자셨니껴?'라는 안동 사투리도 익숙하게 들려왔다.

안동을 걷고 안동을 먹는다는 것은, 안동에서 살아온 사람들의 이야기를 하나씩 끄집어내는 즐거운 작업이었다. 안동 사람의 삶 속으로 조심스럽게 들어가서 되짚어내는 것은 안동국시와 안동 간고등어, 혹은 안동찜닭을 일상적으로 먹는 일과 다를 바 없었다. 안동 맛집 탐방이나 미식 기행이 아니었다. 이제야 안동으로 통하는 눈에 보이지 않던 길을 찾아냈다.

퇴계의 정신과 퇴계의 향기를 맡았지만 여전히 퇴계의 사랑은 문외한의 수준에 머물고 있다. 그가 남긴 학문이 아니라 그의 삶의 자취는 안동 어디에서나 공기처럼 흐르고 있다. 퇴계의 향기는 도산서원과 계상서당, 노송정 종택, 퇴계종택에서 흘러나오는 것이 아니다. 퇴계의 삶의 자취를 쫓다 보면 우리는 어느 새 '이육사'를 만나게 되고 독립운동의 산실, 임청각과 석주 이상룡을 만난다.

안동은 그저 한적한 시골 도시가 아니었다. 조선시대 사림(士林)의 본거지와도 같다는 이미지에 사로잡혀 상상한, 고리타분하고 케케묵은 양반 도시가 아니다. 100여 곳의 종택과 뼈대 있는 성씨(姓氏)의 본향이라는 사실이 안동을 그런 고착된 이미지에 가뒀다.

구석구석 다니면서 확인한 진면목은 안동에 빠져들지 않을 수 없게 만든다. 안동의 매력에 홀리지 않거나 안동에 반하지 않을 사람은 없을 것이다.

안동을 제대로 여행하는 법

안동은 어떻게 여행하고 즐기는 것이 좋을까?

안동 여행의 비법은 없다. 발길 닿는 대로 안동을 다니면서 가고 싶은 곳에 가보고 느끼고 먹는 것보다 더 나은 여행은 없다.

안동은 한국정신문화의 수도로서 세계문화유산 등 뛰어난 문화유산을 보유하고 있는 데다 아름다운 관광 명소들이 즐비하다는 점을 감안하면 몇 가지 팁Tip 정도는 챙겨보자.

안동은 생각보다 넓다. 그래서 안동에 갈 때 KTX나 고속버스 등 대중교통을 이용하는 것도 좋지만 자동차로 여행하는 것이 가장 좋다. 이동시간도 절약할 수 있다. 공유 차량과 공유 킥보드 등도 시내 등 가까운 명소를 이동하는데는 편리하다.

특별히 가고 싶은 곳을 미리 계획하지 않는 '감성여행'이라면 그냥 안동에 오면 된다. 안동역에 가서 가수 진성의 '안동역에서' 노래비를 보고 한적한 노래방을 찾아 '안동역에서'를 목청껏 불러보는 건 어떨까? 거기서 안동댐 쪽으로 가면 '낙강물길공원'이다. 봄바람 완연한 봄날 햇살 좋은 오전 벤치에 양산을 받쳐 놓고 피크닉 도시락 펼쳐 놓으면 비밀의 숲 같은 풍경으로 빠져들 수밖에 없다. 한나절 멍 때리기 좋은 공원이다.

안동역 앞 골목길에 들어서면 안동국시와 안동갈비 등 안동 '시그니처' 식당들이 지척간에 있다.

　낙강물길공원에서 물길을 따라 조금 내려가면 '월영교'에 닿는다. 월영교는 석양 즈음에 보거나 햇살 좋은 한낮이나, 어스름 저녁 야경이 시작되는 즈음에나 다 좋다. 사랑하는 이를 떠나보낸 조선시대 어린 아내의 절절한 사랑을 떠올려보면서 우리 시대의 사랑을 비교하지는 말지어다.

　저녁에는 호텔보다는 도처에 산재한 종택과 고택을 골라 한옥에서 하룻밤 자는 것은 어떨까. 어느 성씨든 종가집이나 고택에서는 어린 시절에도 체험하지 못했던 고택의 아름다움과 고즈넉한 자유에 빠지게 될 것이다. '오류헌'같은 오백년 넘은 고택도 좋고 독립운동의 산실 '임청각'이나 '학봉종택' 같은 곳에서도 '고택(古宅)스테이'를 즐길 수 있다.

　하루 더 시간이 주어진다면 드라마의 여운을 기억하는 안동을 즐기면 된다.

　청송 가는 방향으로 40여분 가면 '만휴정'을 만나게 된다. 안동은 '정자와 누각의 도시'라고 할 정도로 도처에 정자가 즐비하다. 만휴정은 인기드라마 〈미스터 선샤인〉에서의 기념비적인 장면이 각인된 곳이다. 외나무 다리는 '인생샷' 찍으려는 연인들로 발디딜 틈이 없다. 이 드라마에서는 '고산정'도 나왔다. 고산정은 만휴정에서 봉화 방향으로 40여분 가야 한다. 그리고 시내엔 넷플릭스 드라마 〈지금 우리 학교는〉

의 주요무대였던 성희여고가 있다. 봄날의 정취를 제대로 맛보는 안동 여행을 계획한다면 서안동 IC에서 풍산읍으로 들어서는 초입에 있는 '체화정'을 한 번 둘러보시라. 조선 중기 선비들의 풍류를 느낄 수 있는 정자다.

대구에서 안동으로 온다면 의성과 안동 경계에 있는 '소호헌'이 가깝다. 퇴계학파의 본향에 율곡 이이 문하에서 공부한 약봉 서성 선생의 태실이 바로 '소호헌'이다. 탕평(蕩平)은 안동에서 이뤄졌다.

안동을 정신문화의 수도라고 하는 데에는 퇴계의 향기가 사라지지 않고 후세에 영향을 끼치고 있기 때문이다.
이번에는 퇴계의 향기를 쫓는 여정을 짜보자.

도산서원과 병산서원은 세계문화유산으로 등재된 곳이라 꼭 한 번은 가봐야 할 곳이다. 부연 설명할 필요는 없다. 가서 보고 느끼면 된다. 퇴계를 모신 도산서당에 먼저 갔다가 거기서 멀지 않은 도산면 소재지로 가면, '노송정 종택'과 퇴계의 어머니 춘천 박씨의 묘가 있다. 퇴계가 조선 성리학을 집대성한 대학자라지만 퇴계를 키운 것은 모친 춘천 박 씨였다. 퇴계의 어머니는 어떻게 퇴계를 키웠을까? 글을 배운 적이 없는 '까막눈' 춘천 박 씨였다.

군자마을은 조선시대 건축미를 제대로 느끼게 해준다. 오히려 세계문화유산인 하회마을보다도 더 감탄을 하게 될 지도 모른다.

오로지 세계문화유산만 보는 여행이라면 도산서원과 병산서원 그리고 봉정사와 한국국학진흥원, 하회마을을 묶자. 이들 안동에 소재한 세계문화유산과 기록유산들이 왜 등재된 것인지 미리 살짝 공부하고 온다면 더 기억에 남는 여행이 될 것이다.

안동은 아주 오래된 도시다. 중국의 고도와는 다르지만 옛 안동역 건너편 산비탈 마을 신세동에서는 70년대 분위기가 물씬 풍긴다. 그 마을을 벽화마을로 꾸며놓아서인지 패나 이색적이다. 통영과 부산 같은 '삐까번쩍한' 벽화마을에 비해서는 아담하지만 '안동스러운' 마을이다.

아이들과 함께 하는 안동여행이라면 〈강아지똥〉의 동화작가 권정생 선생의 추억을 따라 가는 여정도 반드시 넣어보자. 여기에 퇴계의 후손인 '이육사문학관'을 찾아 그의 삶을 다시 한 번 기억하자.

'경상도 음식은 맛이 없다'는 편견은 버리는 것이 좋다. 안동에서는 하루 이틀 만에 다 먹을 수 없을 정도로 다양한 안동이라는 지리적 표시를 단 시그니처 음식이 많다. 누구나 좋아하는 안동갈비와 안동국시 그리고 안동찜닭, 안동간고등어는 안동에 와서 먹어야 제맛이 난다.

누룩향이 강한 안동소주도 변신을 거듭하고 있다. 48도짜리가 아닌 20도 이하짜리 안동소주도 마실 수 있다. 안동 중앙신시장에 가면 문어가 지천에 깔려있고 고등어를 직접 가공해서 저렴하게 파는 간고등어 가게 골목도 있다.

안동의 주요 먹자골목은 옥동에 몰려있지만 옛 중심지에는 전국 3

대빵집의 하나인 '맘모스제과'가 포진하고 있는가 하면 채썬 단무지로 시원하게 고명 올려 맛을 낸 냉우동도 있고 시내 어디에서나 안동 간 고등어 굽는 냄새, 안동찜닭, 헛제사밥 식당을 만날 수 있다.

물론 안동의 맛을 제대로 보여주는, 오래된 골목에 자리잡고 있는, 〈고향묵집〉같은 식당을 찾아낸다면 행운이다.

안동시청 인근 길모퉁이에는 '존 하테치아'라는 도무지 짐작할 수 없는 퓨전 밥집도 궁금하다. 고등어가 보이지 않는, '고등어 루꼴라 비빔밥'이 이색적이다.

'안동역에서'를 부른 가수 '진성'과 이름이 같은 '진성식당'은 안동 최고의 돈까스 맛집으로 통한다. 코로나가 극성일 때도 줄을 서야 할 정도로 문전성시를 이룬다. 안동이 주산지인 참마로 만든 칼국수 식당도 있고 족발이 유명세를 타서 TV프로그램에 소개된 식당도 있다.

안동을 정신문화의 수도라고 부르는 이유는 천천히 이해하면 된다. 조선시대 선비들도 입이 즐거웠을 안동이다. 종갓집마다 집안 특유의 음식이 있고 그것들이 은연중에 안동의 맛을 만든 바탕이다. 제수 음식에서 비롯된 문어와 찜닭과 간고등어, 안동국시가 안동의 시그니처 음식이 된 바탕은 종가의 제례였다.

안동으로 떠나자. 서울에서 안동까지 가는 KTX는 선로가 정비되면 1시간 30분으로 단축될 것이다. 안동은 멀지 않다. 퇴계의 향기는 우리 삶의 향기라는 것을 알게 되기까지는 한나절이 걸리지 않는다.

안동에 빠지다,
안동홀릭

제1부

안동에
들어서다.

01 낙강물길공원 그리고 비밀의 숲
02 만휴정과 고산정
03 병산서원
04 선비순례길
05 안동역 앞에시
06 숨어있기 좋은 책방
07 고택(古宅)스테이를 즐기다 – 오류헌
08 낙동강 영호루
09 세계문화유산 봉정사
10 천년의 숲과 검무산
11 안동에도 있다. 신세동 벽화마을

01

낙강물길공원
그리고 비밀의 숲

어디에 숨어있는 숲일까?

안동에 '비밀의 숲'이 있다는 소문은 소리없이 퍼져나갔다. 사진으로는 너무나도 몽환적인, 마치 유럽의 오래된 숲을 만난 듯 놀라웠다. 그 숲을 찾아 나섰다.

끌로드 모네(Claude Monet. 1840~1926)는 몽환(夢幻)적인 '수련' 연작으로 유명한 프랑스 화가다.

"마법처럼 내 연못이 깨어났다. 난 홀린 듯 팔레트와 붓을 잡았고 다시는 그보다 더 멋진 모델을 만날 수 없었다."

2007년 서울시립미술관에서 열린 '빛의 화가-모네' 전시회에서 본 8점의 '수련' 연작이 눈앞에 선연하게 떠올랐다. 프랑스 파리 마르모땅

(Marmottan) 미술관이 소장하고 있던 수련 연작의 첫 서울나들이였다. 서양미술사에서 '인상주의'의 성서로 불리고 있는 모네의 대표작 '수련'.

그 수련의 무대이기도 '지베르니 정원'을 안동에서 만났다.

모네는 '물의 작가'이자 '빛의 마술사'로 잘 알려진 19세기 인상파의 선구자다. 그의 삶은 물과 정원으로 충만했고 그의 그림은 '물의 풍경'으로 가득하다. 모네는 눈에 비치는 빛을 색채로 표현하는 데 충실했던 화가다. '수련'연작은 눈에 비치는 몽환적인 느낌을 감성적으로 표현하는 데 한 치의 어긋남이 없다는 평을 받는다.

　우리가 '피카소'같은 거장보다 감성에 충실한 '모네'와 '밀레', '모딜리아니'를 좋아하는 것은 그런 감성 때문일 것이다. 눈에 보이는 몽환적인 모습을 그림으로 담는 것은 때론 사실적 묘사보다 빛의 유희가 더 필요한지도 모른다.

　안동은 물의 도시이자 댐의 도시다. 낙동강이 도심을 가로질러 흐르고 있는 데다 '안동댐'과 '임하댐'이라는 두 개의 담수호가 만들어내는 물의 풍경은 늦가을부터 이른 봄까지 안개 자욱한 물의 도시로 변화시킨다. 이른 아침 낙동강을 가로질러 출근할 때마다 자욱하게 피어오른 '물안개'는, 안동호를 뒤덮은 안개 속으로 달려가고 싶은 욕망을 불러일으키면서 출근길을 방해하곤 한다.

　'게으름이 몸에 배기 좋은' 소도시의 시간은 때론 평소 잘 가보지 않은 곳을 찾고 싶어 하는 게으름뱅이의 도전정신(?)을 발동하게 한다.

'낙강'(洛江, 낙동강)은 사람을 끄는 묘한 매력이 있다. 시내 쪽 강변 길을 쭉 걷다가 안동댐을 향해 더 걸었다. 안동의 대표적 여행 포인트로 꼽히는 '월영교'까지는 자주 다니는 산책로다. 그 바로 위쪽에 안동댐이 있다. 물길을 거슬러서 10여분 걸었을까 도열한 듯한 은행나무숲 길이 보이면서 시야가 훤해졌다. 가을비와 함께 후욱~ 강풍에 은행잎들이 '추풍낙엽'(秋風落葉)신세가 된 모양새로 나뭇가지만 앙상했다.
차도까지 온통 은행잎이다.

그래도 푸르름을 잃지 않은 '메타세콰이어'와 전나무가 도열한 숲으로 눈길이 간다. 그 너머가 비밀의 숲이다. 그 숲 속으로 한 발 들어선 순간, 눈앞에 펼쳐진 몽환적인 풍경에 놀라움을 금치 못했다.
애초 안동의 정신세계를 지배하는 퇴계를 기리는 의미로 조성된 '낙강물길공원'이다. 이 공원이 '비밀의 숲'이라는 별칭으로 불리게 된 이유는 직접 가봐야 알수 있었다.

낙강 물길이 흘러서 자연스럽게 만들어진 듯 한 작은 연못과 숲, 피크닉하기 딱 좋은 햇살 좋은 가든. 수련이 가득 찬 연못에서는 분수가 저 혼자 나른하게 물을 내뿜는다. 마치 모네의 정원에 있는 일본식 다리를 본뜬 아치형 다리까지 자리잡은 숲은 정말이지 '지베르니 정원'을 옮겨 놓은 것과 흡사한 분위기였다.

모네는 화가이자 정원사이기도 했다. 그는 매일 자신의 정원을 가꾸면서 시시각각 바뀌는 빛에 따라 달라지는 모델을 화폭에 옮겼다. 그의 모델은 그의 정원이었고 그의 그림은 수련연작이었다.

그가 21세기에 살아 안동에 여행을 온다면 수련연작을 이을 작품을 하나 더 그릴 수도 있겠다는 생각이 든다.

연못에 자생하는 수련은 물의 상징이다. 가까운 하회마을은 강에 핀 '연꽃마을'이라는 의미에서 조선시대에는 '부용촌'(芙蓉村)으로 불리기도 했다. 하회마을을 바라보는 강 건너 언덕에 '부용대'라는 이름이 붙은 것은 그 때문이다. 중국 후난(湖南)성의 요우쉐이허(酉水河)의 아름다운 연꽃마을 '부용진'(芙蓉鎭)도 떠올랐다.

여행의 기억은 오래도록 남는다.
연못가에서 물속 수련을 물끄러미 바라보다보면 모네의 '수련'이 그 대로 눈에 들어오는 듯 했다.

비밀의 숲은 '사진맛집'이다. 어디서 찍더라도 배경이 주인공이 되고 사진은 작품이 된다.
가을햇살 가득한 날에는 도시락을 싸고 커피를 텀블러에 담아 피크닉을 가야겠다. 파릇파릇한 정원은 피크닉하기에 좋다.

머릿속에서는 코르셋을 꽉 조여 허리를 잘록하게 한 로코코 양식의 화려한 드레스를 입고 깃털 달린 모자를 쓴 공작부인들이 비밀의 숲을 재잘거리며 산책하는 모습이 그려졌다. 그녀들이 우아하게 거닐 것 같은 그 가든에서는 '비밀의 숲'에 대한 소문을 듣고 온 것인지, '알 수 없는' 걸 그룹 소녀들이 모여 앉아 게임을 하고 있었다.

수련이 보이는 기다란 벤치에 앉아서 햇볕을 쬐고 있었다. 텀블러에 담긴 따뜻한 커피 한 잔에 샌드위치를 '브런치' 삼아 먹으며 '어슬렁 어슬렁' 산책하기에 딱 좋았다.

연못과 아치다리를 어슬렁거리다가 안동댐 쪽으로 난 왼쪽 언덕길을 따라 올라가다 보면 단풍나무와 자작나무 가득한 길을 만난다. 붉디붉은 단풍나무 터널과 자작나무에서 나는 향기는 잠시 일상의 삶에서 벗어나도록 도와줄 것이다.

안동루에 오르는 도중 퇴계의 시 '陶山月夜詠梅'(도산 달밤에 핀 매화)를 만났다.
안동 곳곳에 남겨져 있는 퇴계에 대한 흠모의 흔적이다.

獨倚山窓夜色寒(독의산창야색한)
홀로 산창에 기대서니 밤기운이 차가운데
梅梢月上正團團(매초월상정단단)
매화나무 가지 끝에 둥근 달이 떠 오르네
不須更喚微風至(불수경환미풍지)
구태여 부르지 않아도 산들바람도 이니
自有淸香滿院間(자유청향만원간)
맑은 향기 저절로 뜨락에 가득 차네

그 길 끝에서, 철제 계단을 하나씩 힘겹게 오르면 마침내 안동루(安東樓)에 닿아 낙강 물길이 펼치는 대장정의 발원을 볼 수 있다.

장관이다.

낙강의 물길은 잠시 이 댐에서 큰물로 만나 다시 새로운 발원지가 된 듯이 아스라이 낙동강 천리길 부산 앞바다까지 이어지는 대장관을 연출한다.

02
만휴정과 고산정

안동은 생각보다 멀다.

퇴계가 1569년 벼슬을 던지고 한양을 떠나 안동 도산까지 내려올 때 걸린 시간이 13일이었다.

지금은 서울에서 안동까지 KTX로는 2시간, 고속버스로는 2시간 40분이 걸린다.

서울과 안동이 시간적으로 가까워지면서 거리감도 많이 좁혀졌다.

안동에는 눈으로 보고 사진만 찍고 가기에는 아쉬운 역사의 현장과 고즈넉한 풍경, 그리고 세상 어디에서도 쉽게 볼 수 없는 그런 곳이 여럿 있다.

세상에 이름난 관광지는 아니더라도 안동을 안동답게 해주는 그런 숨어있는 명소 말이다. 그런 점에선 드라마 PD들이 잘도 찾아낸다. 하루 정도는 드라마의 명장면 속으로 들어가 주인공처럼 인생샷을 찍어보는 것은 어떨까.

 2018년 인기리에 방영된 tvN드라마 〈미스터 션샤인〉. 남자주인공 유진(이병헌)이 여주인공 애신(김태리)에게 사랑을 고백하는 "합시다. 러브. 나랑 같이"라는 명대사를 날린 외나무다리가 있는 '만휴정'과 두 주인공이 배를 타고 떠나는 나루터가 있는 '고산정'이 그곳이다.

　만휴정(晚休亭)은 길안천을 따라 청송으로 가는 한적한 길목에 자리하고 있다. 인기드라마의 무대가 되지 않았다면 전형적인 조선시대의 원림(園林)으로 선비들의 정취를 감추고 있는 정자로 아직도 숨어있을 수도 있었다.

　드라마의 여운은 깊고도 긴 모양이다. 드라마가 끝난 지 4년이 지난 지금도 여전히 수많은 선남선녀들이 이곳을 찾는다. 외나무다리위에 올라 사랑의 밀어를 속삭이는 '인생샷'을 찍는다. 코로나 거리두기 대문에 오가는 여행객이 주춤하긴 해도 주말에는 사진을 찍으려고 줄을 설 정도다.

　만휴정은 안동에서 길안면을 지나 청송 쪽으로 쭉 달리다가 '만휴정'이라는 이정표가 오른쪽에 보이면 서서히 진입하면 된다. 그 길로 들어가 작은 다리를 지나면 주차장이 나온다. 이곳에 주차를 하고 마을길을 따라 산 쪽으로 오른다. 그렇게 10여분 걸었을까. 숲 사이로 '팔작지붕' 정자가 눈에 들어왔다. 한겨울이라 폭포는 꽁꽁 얼어붙어

있다. 계곡을 흐르던 물소리조차 얼린 매서운 한파다. 물론 여름에는 우렁찬 소리를 내며 쏟아지는 폭포를 볼 수 있을 지도 모른다.

그 계곡을 가로질러 외나무다리가 놓여있었고 다리 건너편에 작은 정자 한 채가 있다. 드라마속 그 '만휴정'이다. 두 주인공이 외나무다리에서 만나 사랑을 주고받던 장면을 떠올리며 스르르 눈을 감았다. 내가 '이병헌'이 되었다. 짜릿한 이런 기분에 만휴정을 찾는 모양이다.

만휴정은 계곡과 숲과 정자와 사람을 하나로 만들어주는 공간이다.

조선 중기였다. 지천명에 늦깎이로 과거에 급제한 김계행(金係行:1431-1517)은 홍문관 대제학 대사성 등의 관직을 역임하다 연산군의 폭정이 시작되자, 벼슬을 버리고 고향으로 돌아와 만년(晩年)을 편안하게 쉬겠다며 이 곳에 정자를 지었다. 김계행은 원래 이곳에서 꽤 먼 풍산(안동)이 고향이었으나 묵계리의 아름다움에 반해서 퇴임 후 이곳에 와서 살았다.

만휴정은 정면에서 바라 볼 때 3칸짜리 정자다. 정자 뒤의 산과 계곡 등 자연 속에 원래 있던 것처럼 자연스럽게 어울린다. '누마루에는 오르지 말라'는 문화재당국의 당부를 읽고 정자에 오르지는 않았다.

만휴정 앞 계곡으로 내려섰다. 여름에는 물장구치고 멱을 감을 수 있을 정도로 수량이 풍부했을 소(沼)는 꽁꽁 언 빙벽이었다.

바람소리, 물소리, 달빛, 별빛을 벗 삼아 소박하게 살았을 그의 삶이 눈에 선하게 그려졌다.

김계행의 호가 '보백당'(寶白堂)이었다. 그는 권력과 재물을 철저하게 경계한 '청백리'였다. 보백당은 만휴정에 걸려있는 '吾家無寶物 寶物惟淸白'(내 집에는 보물이 없으며, 보물이라면 오직 맑고 깨끗함 뿐이다)라는 편액에서 취한 것이다. 정자에 내걸린 '持身謹愼 待人忠厚'(겸손하고 신중하게 몸을 지키고 충실하고 후하게 사람을 대하라)라는 편액 역시 그의 철학이었을 것이다.

이백(李白)의 시 '別有天地非人間'(다른 세상이로되 인간이 사는 곳이 아니네)이라는 한시 한 구절이 생각났다.

드라마 〈미스터 션사인〉에서 유진이 하자던 '러브'도 자연의 일부가 아닐까. 시소(seesaw)처럼 주고받던 그들의 사랑이 만휴정에선 대놓고 '러브'하자고 할 정도로 대담하고 자연스러워진 것이다.

묵계서원으로 갔다. 묵계서원은 만휴정에서 나와서 만나는 큰 길 국도변에 있다.

묵계서원은 김계행과 응계(凝溪) 옥고(玉沽:1382~1436)를 봉향하는 서원이다. 1687년(숙종 13)에 창건되었다. 1869년 '서원철폐령'으로 훼철되었다가 후에 강당과 문루인 읍청루와 진덕문, 동재(東齋)등이 복원됐다. 읍청루(挹淸樓)는 정면 5칸 측면 2칸의 기와로 된 팔작지붕 건물로 묵계서원을 대표하는 건축이다.

고산정

드라마 〈미스터션샤인〉에서 어린 유진이 도망을 쳐서 몸을 숨긴 배가 있는 나루터, 유진이 우연히 애신을 만난 나루터의 무대가 '고산정'(孤山亭)이다.

만휴정에서 바로 고산정으로 가거나 고산정에서 만휴정으로 가는 길은 안동 시내를 거쳐서 가야 할 정도로 꽤 멀다. 만일 당일 안동여행에서 두 곳을 다 가보고 싶다면 곧바로 두 곳을 왔다가는 것보다 여유를 두고 안동의 다른 명소와 더불어 찬찬히 보는 것이 더 좋겠다.

고산정은 도산면 가송리에 있다. 안동에서 청량산을 향해 가다가 청량산 입구로 들어서기 직전 만나는 안동팔경의 하나, 가송협과 독산이 있는 절경에 있다. 퇴계의 제자 성성재(惺惺齋) 금란수(琴蘭秀, 1530~1604)가 1564년에 지었다. 그래서 퇴계도 제자들과 함께 이곳에 와서 머물기도 했던 곳이다.

밤새 눈이 내렸지만 한나절 만에 양지바른 곳에 위치한 고산정에 내린 눈은 그새 녹아내렸다. 그러나 여전히 '북풍한설'을 체감할 정도로 청량산을 타고 돌아 나온 바람은 매서웠다.

고산정에 올라 강 건너 나루터에서 유진과 애신이 배를 타는 모습을 떠올렸다. 드라마를 위해 설정한 나루터였던지라 지금은 나루터와 배가 없다. 고산정은 가송협 협곡사이를 파고들어 마치 원래 그곳에 있었던 양 자연스럽게 자리잡고 있다. 지나치게 크지도 작지도 않았고 마치 산수화를 한 폭 그려놓은 듯 고즈넉한 풍경을 연출했다.

혹시 모를 홍수에 대비한 것인지, 축대를 쌓아 기단을 쌓고 정자를 지었다. 강 건너에서 보던 풍경과는 사뭇 달랐다. 드라마 속에서 나루터가 있던 곳은 실제로 예전에 나루터가 있어서 강을 건너기도 했다. 드라마에서는 두 주인공이 배를 타고 닿는 강 건너 가마터가 있는 곳이 바로 '만휴정'으로 설정되어있었다.

가송마을 고산정을 흐르는 낙천은 '도산'을 굽이굽이 돌아 안동댐을 지난 후 반변천과 합수, 비로소 낙동강 본류로 자리잡는다.

03
병산서원

'7칸 병풍' 가득 낙강(洛江)과 병산(屛山)이 들어찼다.

산(山)은 붉은 빛을 띠기 시작했고 하늘은 더없이 높다. 바람결이 달라진 게 하루하루 느껴질 정도로 가을색이 완연해졌다.

게으른 태양도 서산 넘어갈 때는 표변(豹變)한다. 서둘렀다. 너무 늦게 도착하면 '만대루'(晩對樓) '7칸 병풍'의 고즈넉함을 느낄 수 없을 수도 있어 조바심이 났다.

걷기에 딱 좋은 계절이다. 하긴 어디서나 걷는데 가을이든 겨울이든 계절이 무슨 소용인가.

바람은 '살랑살랑' 콧등을 스쳐지나고 햇살은 따뜻한 온기를 여전히 머금고 있는 가을이었다. 그래도 한참을 걷다보면 콧등에 송글송글 땀이 맺힌다. 낙강(洛江) 물결 따라 불어오는 바람은 저절로 콧노래가 나올 정도로 상큼하다. 가을바람은 원래 그렇다.

안동(安東)의 가을은 안동댐과 임하댐이라는 두 개의 거대한 댐을 가진 '호반의 도시'와 찰떡궁합계절이다.

하늘이 높아지기 시작하면 〈병산서원〉에 간다.

병산서원은 2019년 도산서원 등 다른 서원과 더불어 세계문화유산에 등재됐다. 안동에서 '세계문화유산'은 발에 굴러다닐 정도로 흔하다. 그래서 안동사람은 구태여 세계문화유산자랑을 하지 않는다. 세계문화유산에 등재됐다고 해서 도산서원, 병산서원, 봉정사와 하회마을이 달라진 건 없다.

퇴계 향기 가득한 '도산서원'에 비해 병산서원은 상대적으로 덜 알려지거나 덜 유명한 서원이다.

조선시대의 '서원'(書院)이 어떤 곳인지 잘 모르기 때문에 그런 것일 수도 있겠다. 나 역시 서원의 역사나 기능보다는 병산(屛山)에 가면 만날 수 있는 고즈넉한 풍경이 좋을 뿐이다.

서원 입구의 '만대루'를 만나는 순간, 만대루 사이로 보이는 병산풍경이나 가을이 시작되는 계절엔 '배롱나무' 꽃들이 추색(秋色)을 더해줘서 고맙다.

병산서원은 서애(西厓) 류성룡(柳成龍)과 그의 셋째아들 류진(柳袗)을 배향한(기리는) 서원이다.
병산서원의 내력이나 주요건축물에 대해서는 관심이 없어도 상관없다. 서원은 조선시대 유림(儒林)이 설립한 '사립'교육기관으로 조선 성

리학(유교)의 본산이다.

 오래되고 밋밋해 보이는 병산서원 건축에 대해 전문가가 아닌 사람이 이러쿵저러쿵하는 건 미덥지 못할 수도 있다. 그러나 조선시대 건축에 대한 이해도가 없는 나조차 병산서원에 들어서면 '아'하고 탄성을 지르는 곳이 있다. 정문인 복례문을 들어서면서 맞딱뜨리게 되는 7칸 누각. 병산과 낙강을 담은 '7칸 병풍' 만대루다. 만대루를 통과해서 '입교당'에 올라 만대루를 바라보면 비로소 만나게 되는 추색(秋色) 낙강과 병산이 새롭다.

 낙강의 은빛 백사장을 배경으로 철마다 달라지고, 시시각각 변화무쌍한 풍경을 연출하는 병산에서는 학(鶴)이 날아오르기도 하고 나비와 벌이 튀어 들어오기도 한다. 가을에는 '배롱나무' 붉은 꽃잎이 병산의 아름다움을 배가시킨다.
 그렇게 이리저리 어슬렁거렸더니 해가 떨어지는 모양이다. 만대루는 추색과 석양에 불타고 있었다.

 '만대루'는 두보의 '백제성루'(白帝城樓)란 시의

　　　　江度寒山閣(강은 겨울 산 누각 옆을 지나고)
　　　　城高絶塞樓(성은 높아 변방의 보루에 우뚝하다)
　　　　翠屛宜晚對(푸른 병풍 같은 산 늦도록 마주할만하고)
　　　　白谷會深遊(하얀 계곡은 모여 오래 놀기 좋아라)
　　　　…

'翠屛宜晚對'(취병의만대)에서 취한 이름이다. 두보(杜甫)가 마치 이 병산 만대루에 앉아 늦도록 놀다가 지은 시처럼 딱 들어맞다.

만대루를 받치는 기둥과 주춧돌은 자연을 거스르지 않으려던 선현의 지혜가 도드라진다.

만대루가 취(取)한 풍광이 마음을 움직인다면, 만대루도 자연과 일치해야 한다. 만대루를 받치는 기둥은 쭉쭉 뻗지 않고 휘어진 상태 그대로 만대루를 자연스럽게 떠받치고 있다. 그리고 그 기둥 아래의 주춧돌은 원래 그 자리를 지키던 막돌이었다. 자연을 훼손하지 않고 있는 그대로 지은 목수나 선비의 마음이 엿보이는 대목이 아닐 수 없다.

만대루는 병산의 풍광을 가로막을 수도 있지만 오히려 어느 한 군데 막힘없이 트인 만대루의 구조를 통해 열린 세상을 향한 선비들의 마음가짐을 드러냈다. 중국대륙에서 만난 건축물의 거대한 스케일에 비할 바는 아니지만, 7칸 병풍처럼 만대루에 담긴 세상은 아무 것도 가두지 않겠다는, 그물에 걸리지 않는 바람과도 같은 조선 선비의 절제의 미학을 표현하고 있다.

안동에서 말하는 퇴계와 선비정신. 선비 정신을 가르치는 곳에서는 서양의 '노블리스 오블리제'와 이를 연결시키는 이야기도 종종 듣는다. 조선의 성리학이 만들어 낸 이상이라고 할 수 있는 '선비'는 한자로 쓸 수 없는 추상명사다. '선달'이기도 하고 동네 '건달'이기도 한, 소박하면서도 절제하면서 도리를 다하는 선비는 신선도, 도사도 아닌 우리 주변에서 늘 만나는 안동사람일 것이다.

'만대루'는 그런 선비의 이상을 추구하는 열린 세계관을 담고 있다.

서애 류성룡을 배향한 병산서원이 이곳에 지어진 것은 지척 지간이라고 할 수 있는 '하회마을'이 인근에 있기 때문이다.

04

선비순례길

선비순례길은 선비가 공부하는 길이 아니라 퇴계의 자취가 묻어있는 길이다.
길은 물론 어디에나 있고, 걷기 좋은 길은 도처에 널렸다.

퇴계가 다니던, 조선 선비들이 다니던 '선비순례길'로 떠난다.
종교적 의미의 순례는 아니지만, 안동에는 '코로나 19'로 지친 몸과 마음을 풀어줄 수 있는 '치유의 길'이 있다. 스페인 '산티아고'에 굳이 가지 않더라도, 제주도의 올레길을 찾아나서지 않더라도 걸으면서 즐길 수 있는 길이다.
조선선비와 양반의 이야기 속으로 빨려들어 갈 필요는 없다. 안동 선비순례길은 삶의 지혜와 선조들의 철학을 돌아볼 수 있는 길이다.

'선비'는 순 우리말이다. 서양의 '노블리스 오블리제'와 우리의 '선비정신'을 대체하면 엇비슷하게 맞아 떨어질 것 같다. 선비문화수련원 김병일 이사장(77)은 '개인보다 공동체, 이익보다 가치를 추구하는 지도자'를 선비라고 정의하고 조선 선비의 전형으로 퇴계를 꼽았다.
퇴계(退溪 李滉)는 1569년 음력 3월, 선조 임금에게 하직인사를 고하고 봉은사(서울 강남 소재)에서 하룻밤을 보낸 후 안동의 '도산서당'까지 320km를 13일간 걸어서 귀향했다. 이 귀향길을 되살리면서 '선비순례길'을 만들었다.
이 길은 낙향한 퇴계가 말년에 머문 '도산서당'과 도산서원, 퇴계종택, 이육사문학관, 월천서당, 국학연구원 등 퇴계의 흔적을 이어주는 길이다. 총 길이가 91km에 이를 정도로 장대하다.
그 중에서도 제1코스인 '선성현길'은 선비순례길을 대표한다. 선성현 문화단지에서 호반자연휴양림까지 이어지는 안동호 물위에 조성된 수상데크로 이뤄진 1.1km가 압권이다.

도산면 '선성현 문화단지'에 가면 수상데크로 내려가는 입구가 보인다. 1코스는 5.6km에 이르지만 문화단지에서 호반자연휴양림까지 이어지는 수상데크는 어느 호수 위를 걸어도 느끼지 못할 만큼 짜릿한 즐거움을 줄 것이라 믿는다. 수위에 따라 데크가 오르내리게 된 구조여서 안전하다.

짙은 녹조가 형성되면서 수면아래가 보이지 않는 호수 바닥이 궁금해졌다.

선성현 문화단지는 사실 안동댐이 건설되면서 수몰된 도산과 예안 마을 사람들이 이주한 수몰민의 아픔이 서려있는 이주마을이다. 안동댐이 건설되지 않았더라면 지금처럼 호수 위가 아닌 호수 아래, 퇴계가 걸었던 그 길을 걸을 수 있었을 텐데 말이다.

댐을 건설하기 위해서는 사전에 자연영향평가와 주민의견조사 등 온갖 절차를 통과해야 하지만 안동댐을 건설한 1970년대는 '유신시대'였다. 댐건설이 확성되면 군말 없이 조상대대로 수백 년 살던 고향을 떠나야 했다. 세간 하나 변변하게 챙기지 못한 채 아마도 고향마을이 가장 잘 보이는 선성현 문화단지로 쫓겨났을 것이다.

물속에 잠긴, 사라진 마을에 두고 온 어린 날의 기억이 물에 잠겨 날마다 눈물을 흘렸을 것이다.

물의 노래 (이동순)

그대 다시는 고향에 못 가리
죽어 물이나 되어서 천천히 돌아가리
돌아가 고향 하늘에 맺힌 물 되어 흐르며
예 섰던 우물가 대추나무에도 휘감기리
살던 집 문고리도 온몸으로 흔들어 보리
살아생전 영영 돌아가지 못함이라

오늘도 물가에서 잠긴 언덕 바라보고
밤마다 꿈을 덮치는 물꿈에 가위 눌리니
세상사람 우릴 보고 수몰민이라 한다
옮겨간 낯선 곳에 눈물 뿌려 기심매고
거친 땅에 솟은 자갈돌 먼 곳으로 던져 가며

다시 살아 보려 바둥거리는 깨진 무릎으로
구석에 서성이던 우리들 노래도 물속에 묻혔으니
두 눈 부릅뜨고 소리쳐 불러 보아도

돌아오지 않는 그리움만 나루터에 쌓여 갈 뿐
나는 수몰민, 뿌리째 뽑혀 던져진 사람
마을아 억센 풀아 무너진 흙담들아
언젠가 돌아가리라 너희들 물 틈으로
나 또한 한 많은 물방울 되어 세상길 흘러흘러
돌아가 고향 하늘에 홀로 글썽이리

이런 시(詩) 한 편이 고향에서 내쫓긴 수몰민의 아픔을 대신할 수는 없다.

고향을 댐 아래 수장시킨 수몰민의 아픔을 노래한 '물의 노래'는 지금도 마음을 아프게 한다. '그대 다시는 고향에 못 가리, 죽어 물이나 되어서 천천히 돌아가리…'라는 시의 첫 대목부터 눈물이 절로 흘러나온다.

이 '선성현길'은 데크가 끝나는 자연휴양림에서 월천서당까지만 갈 수 있다. 월천서당에서 유교박물관을 거쳐 도산서원까지 이어지는 길은 장마 등으로 인해 무너진 일부 구간이 완전하게 복구되지 않아 통제되고 있는 모양이다.

수몰의 기억은 '군자마을'에서 더욱 진하게 묻어났다.

안동에 빠지다, 안동홀릭

군자마을은 안동댐 건설로 인해 수몰된 예안면 오천리에서 20대에 걸쳐 살던 '광산 김씨' 예안파 마을의 문화재급 고택을 원형 그대로 이전한 마을이다.

600여년 넘게 조상대대로 살아가던 고향이 물속에 잠기게 되면서 조상의 숨결까지 수장하게 된 후손들의 심정을 어떻게 알 수 있을까?

20여 채의 고택들이 옹기종기 산비탈에 자리잡은 전형적인 고택으로 이뤄진 군자마을은 오래전부터 그 곳에 자리잡은 것처럼, 바깥세상과 차단된 별유천지처럼 느껴졌다.

사방이 산으로 둘러싸여있고 마을 앞으로 호수가 잔잔하게 흐르는 전형적인 배산임수의 길지였다.

마을에 들어서면 지금도 물속에 잠겨있는 옛 오천마을이 생생하게 재현돼있다. 마을입구를 지키던 동수(洞守)나무와 서낭당도 살아남았다. 조상대대로 물려 쓰던 맷돌과 절구통도 그대로다. 기억들은 복원되었지만 마을 길 분주하게 뛰어놀던 아이들의 모습이나, 마을 사람들의 숨결은 느껴지지 않는다. 수몰의 상처는 완전하게 치유될 수 없는 모양이다. 사람이 살지 않는 '빈집'들이기 때문일 것이다.

도산구곡으로 이름난 '운암곡'에 자리잡은 군자마을에서 느낀 고즈넉함은 선비 순례길을 찾아나선 즐거움을 배가해줬다.

걷다가 출출해지면 안동시내로 나와서 안동 특색의 각종 먹거리를 맛보는 맛집투어도 좋다. 선성현이나 '도산'에도 맛있는 식당이 꽤 있다.
정성가득 안동식 한식을 먹고 싶으면 민속식당(054-856-0102)을 추천한다.

옛날 짬뽕을 먹고 싶다면 마을 입구 낡은 단층건물에 숨어있는 '일미식당'은 어떨까? 간판의 '손면 전문'이 먼저 눈에 들어왔다. 요즘의 수타면이리라. 칠순이 넘어 보이는 주인 부부는 안동댐이 들어서기 전부터 수몰된 마을에서 중국집을 하다가 이주단지로 이주했다고 한다.

이 식당 짜장면과 짬뽕에선 70년대 동네 중국집 맛이 났다. 짜장소스는 아무런 기교를 부리지 않은 듯 소박했고 면은 순수했다. 채썬 오이를 얹어내서 고춧가루를 뿌려먹어야 할 것 같았다. 특히 짬뽕에서는 당시 내륙 안동에서 쉽게 구하기 힘든 오징어 등의 해물 대신 오뎅과 소시지가 들어있었다. 어려웠던 그 시절의 짬뽕의 기억이 살아났다.

05
안동역 앞에서

첫눈이 올 것 같아
안동역에 갔다.
첫눈은 첫사랑처럼 각별하다.
불현듯 찾아온 첫눈은 첫사랑을 생각나게 했다.
첫눈은 신기하고 달콤하지만 처음 맞이하는
일이라 아련하기만 하다.

첫사랑은 각별하다.
첫눈처럼 살며시 찾아왔다가
첫눈처럼 재빨리 녹아버린,
어렴풋한 기억만 남아있는
첫사랑과 첫눈은
그래서 이란성 쌍둥이다.

    가수 진성의 '안동역에서'란 대중가요 속 안동역은 역사속으로 사라졌다. 안동역이 새로운 역사를 지어 이전했다. 그러나 '옛' 안동역 광장에는 '안동역에서' 노래비가 있다. 그곳이 안동역이라는 증거는 광장을 지키는 노래비 정도다.
    열차 출발을 알리는 승무원이 '바람에 날려버린~~'이라는 노래를 부르는 듯한 환청이 들렸다. 안동역에 가면 나도 모르게 "바람에 날려버린~~"이라며 노래를 흥얼거리게 된다.
    안동역은 누구나 어렴풋이 기억하고 있는 첫사랑을 되살려준다. '안동역이든 서울역이든 첫눈이 내리는 날 만나자'는 약속을 하고 기약없는 그 사람을 말이다.

지금과 달리 휴대폰도, '삐삐'도 없던 시절이었다. 연인들은 다음에 만날 시간과 장소를 약속하고 헤어졌다. 그리고 첫눈이 오는 날에 만나자는 약속을 했다.

서슬퍼런 '유신'(惟新)과 군부독재 시절에도 사랑은 그 암울한 시대를 살아가게 하는 원동력이었다.

'새벽부터 오는 눈이 무릎까지 덮는데, 안 오는 건지 못 오는 건지', 안동역에서 만나기로 한 연인을 하염없이 기다리며 다음 열차가 도착하기를 손꼽아 기다리는 안타까운 마음을 아는지 모르는지, 첫눈은 소리도 없이 내리고 있었다. 기적소리도 없이 마지막 기차가 떠날 때까지도 끝내 오지 않는 연인을 기다렸다. 아마도 첫사랑 그녀(그)는 안동역에 내리는 첫눈을 보지 못했을 지도 모른다.

대중가요 '안동역에서'는 히트를 예감한 노래가 아니었다. 작사가 김병걸 선생이 '안동사랑 모음집'이라는 CD를 제작하면서 오래전부터 알고 지내던 가수 진성에게 '용돈을 줄테니 노래 한 곡 불러달라'고 해서 2008년 제작 발매한 노래였다. 이 노래가 입소문을 타면서 대중의 인기를 끌었고 마침내 2012년 '전통가요'부문에서 1위를 차지했고 역주행 돌풍을 일으키면서 가수 진성을 20년 무명생활에서 벗어나게 한 기적과도 같은 노래였다.

그 안동역이 2020년 겨울 새로운 역사를 지어 이전하면서 운흥동 안동역 시대를 마감했다. 지금 옛 안동역 자리에는 '그 곳에 역이 있었네.'라는 자취를 남긴 채 빈 역사만 그대로 남아있다. 70년간 안동사람의 숱한 사연을 담고 있을 안동역사는 그래도 여전히 그 자리에 있다. 문제는 심각하다. 첫눈이 내리면 이전한 안동역으로 가야할지, 아니면 옛 안동역으로 가야할까? 첫사랑의 기억도 사라지지는 않았을까?

안동역은 1931년 10월16일 개청했다. 김천과 안동을 잇는 118.1km '경북선' 철도구간이 완공되면서 '경북안동역'이 생겼다. 경북선 열차 노선은 김천을 시점으로 상주, 점촌 이어 예천 구간을 차례로 개통했고 그 노선은 7년 만에 안동으로 이어졌다. 안동을 중심으로 서울과 경주를 연결하는 중앙선도 건설되면서 안동역은 중앙선의 중심역으로 자리 잡았다.

중앙선은 애초 서울과 경주를 잇는 노선으로 '경경선'(京慶線)이라고 불렸다. 경경선이 완공된 1940년 3월1일, 당시 미나미 지로(南次郎) 조선총독이 참석할 정도로 안동역 개통식이 성대하게 열렸다.

경북선과 중앙선개통은 내륙오지 안동을 발전시키는 계기로 작용했다. 안동역을 중심으로 안동의 도심이 형성되기 시작했다. 두 철로가 교차하는 교통요지 안동은 일약 경북 북부의 상업중심으로 발돋움했다.

안동역은 한편 독립운동을 위해 논밭 등 가산을 정리하고 만주로 떠난 수많은 지역출신 독립운동가 식구들의 '이별역'이었다.

안동역 구내에 남아있는 급수탑(給水塔)은 12각형 구조물로 건축형태가 독특해서 등록문화재 제49호로 지정돼 있다. 안동역이 이전된 후에도 철거되거나 사라지지 않았다.

역사가 이전하기 전, 안동역을 이용하는 승객은 하루 600-700여 명밖에 되지 않을 정도였다. 안동역을 이용하는 승객도 안동 주변의 영주와 의성을 오가는 단거리 승객이 대부분이었다. 청량리나 부산으로 가는 장거리 승객은 손에 꼽힐 정도였다. 그러나 신역사 개청이후 청량리에서 안동까지 하루 왕복 16차례 KTX(이음) 열차가 운행하기 시작하면서 서울과 안동을 오가는 승객이 급격하게 늘어났다. 3시간30분 걸리던 운행시간도 2시간으로 단축되면서 서울과 안동사이가 가까워졌다. 물론 조금 느린 무궁화나 누리로 열차도 여전히 운행하고 있다.

'우리 시대의 작가' 이문열의 대하소설 '변경'은 60-70년대 안동역 풍경을 생생하게 묘사했다. 경북 영양 '두들마을'이 고향인 이문열은 1960년대 초반 안동 중앙국민학교(초등학교)를 2년반 다니다가 상경

했다. 소설 '변경'에는 안동역에 대한 그의 어릴 적 기억이 생생하게 그려진다.

"철이도 안광읍 역에 내리면서부터 기분이 달라졌다. 까마득하게 느껴지던 안광에서의 어린 시절이 역광장 앞 거리의 낯익은 풍경으로 문득 생생하게 살아난 까닭이었다. 저만치 자신이 입학해서 이년 반이나 다닌 초등학교가 그리운 옛집처럼 눈에 들어왔고, 자기들이 살던 구시장 골목길도 조금만 정성들여 더듬어 가면 금세 찾아낼 것 같았다. 시외버스 정류장인 통일역도 3년전과 같은 자리에 별로 달라지지 않은 모습으로 남아있었다. 아무리 변화의 속도가 느린 50년대 말의 3년이라 해도 그 때 나름으로는 꽤나 달라졌겠지만, 서울 같은 대도시를 본 눈에는 오히려 전보다 더 작고 초라해진 듯 보일 뿐이었다. 거기다가 사탕과 껌, 멀미약 따위를 펼쳐놓은 작은 목판을 메고 이 버스 저 버스를 옮아 다니는 난장이 아저씨도 그대로인걸 보고, 철은 자신이 그곳을 까맣게 잊고 지낸 게 스스로 이상할 지경이었다."(변경 제1부 불임의 세월)

변경의 '안광'이 바로 안동이다. 소년 이문열이 기억하고 있던 1960년대 안동역전이 생생하게 눈앞에 보듯이 재현된다.

안동역이 현재의 역사로 이전한 것은 대한민국 임시정부 초대 국무령을 지낸 독립운동가 석주 이상룡 선생의 본가인 임청각 복원사업의 일환으로 빨라진 점도 되새겨볼 만하다.

문재인 전 대통령은 대선 전인 2016년 5월 임청각을 방문, 석주 선생의 후손들을 만나 임청각 복원을 약속한 바 있었다. 2017년 대통령이 된 그는 8.15 광복절 기념사를 통해 '임청각 복원'을 강조했다. 그 직후 임청각 복원계획이 수립되면서 임청각 앞을 지나는 철로 이전이 본격적으로 추진됐고 그 결과 안동역사도 이전하게 된 것이다.

혹시 첫눈이 내릴 때 즈음 청량리역에서 안동행 기차를 타고 첫사랑의 기억을 찾아 떠나는 여행을 계획하면 어떨까.
안동역을 찾아 오랫동안 잊고 있던 첫사랑의 기억을 잠시 추억하는 것도 나쁘지 않을 것 같다.

06
숨어있기 좋은 책방

어린 시절 시골집엔 이층 다락방이 있었다. 그 다락방에 혼자 올라가면 형과 누나들이 쓰던 헌 책들 속에서 만화책을 찾아내곤 했다.
대학에 들어가서는 학교 앞 '골방 같은' 술집에 들어앉아 '해방전후사의 인식'같은 금서(禁書)들을 한 두 권 깔아놓고 토론하면서 밤을 새기도 했다.

회사 다닐 때는 점심을 먹으러 나온 효자동 뒷길 막다른 골목 '천장 높은' 칼국수 식당에 갔다가 비라도 만나면 만사작파하고 막걸리를 퍼마시곤 했다, 그러나 내 손에선 책이 늘 함께 했다. 햇살 좋은 날에는 그 눈부신 햇살을 피한다는 핑계로 다시 그 식당에 책 한 권 들고 들어가곤 했다.

가을은 산들산들 바람이 불어와 독서하기 참 좋은 계절이다.

아주 오래 전 한 번쯤 들러본 듯한 '숨어있기 좋은 책방'을 만났다. 차 한 잔 마시면서 하루 종일 이 책 저 책 뒤적거리면서 숨바꼭질하듯 이 방 저 방 휘적휘적 다니다가 또 심심하면 눈을 들어 발아래 펼쳐진 '안동호'에 눈 한 번 씻고 다시 책에 눈을 돌릴 수 있는 그런 책방이다.

오랜 역사가 묻어있는 고택에서 차 한 잔 마시며 책 읽는 호사나 혹은 '이육사 시인'의 시를 따라 시인의 소박한 책방을 찾아나서는 책방 여행도 괜찮다.

'교보문고'같은 대형서점은 잊자. 자그마한 동네책방에 가는 이유가 생겼다.

가을이든 봄이든 간에 한 권의 책을 사서 읽어야 할 이유는 차고 넘친다.

동네책방치고는 색다른 '책마을'로 가는 길은 만만치 않았다. '책마을'은 안동댐 수몰로 인해 폐교된 와룡 도곡초등학교를 통째로 헌책방으로 만들었다. 와룡면소재지에서도 구불구불 고갯길을 20여분 곡예운전하면서 올라가야 한다. 고갯마루에 올라서자 눈 아래 호수가 보이고 학교가 나타났다.

'책마을, 마리서사'다.

모더니즘 시인 박인환이 운영한 책방, '마리서사'(茉莉書肆)를 본 따서 만든 '책마을'은 도서관 사서를 하던 박상익 씨가 폐교를 매입해서 꾸민 학교서점, 헌책방이다. 2층짜리 학교건물 전체를 서가(書架)로 꾸몄다. 책방에 들어서면 서가는 뒤죽박죽이다. 꾸미다 만 듯 하기도 하고, 교실마다 한 무더기씩 쌓여있고 복도에도 재둔 듯한 책 더미 사이로 보물찾기 하듯 다니는 여정은 흥미롭다.

도대체 이곳엔 어떤 책이 몇 권이나 있는지 조차 알 수 없을 정도다. 마구잡이로 섞여있는 듯 보였지만 사서 박 씨의 정교한 솜씨에 의해 책들은 무질서한 듯 정교하게 자리하고 있다. 질서정연하게 서가에 잘 정돈된 방도 있다. 간혹 귀한 책이 눈에 뜨이면 신대륙을 발견한 듯 기쁨을 맛볼 수 있다. 헌책방 여행에는 그런 재미가 있다.

오래된 책에선 향기가 난다. 이른 새벽 푸석푸석한 맨얼굴을 만나듯, 생경하지만, 눈빛만은 초롱초롱한, 그리운 그 시절 역사가 배어있는 책들이다. 책장을 살짝 넘겨 저자의 친필사인이나 책을 소장한 사람의 흔적을 발견하면 반갑다. 소장하고 싶은 욕망은 배가된다. 그렇게 여유를 부리며 뒤적거리다가는 하루 안에 책마을을 다 둘러보지도 못한다. 그래서 책마을은 자주 찾아가고 싶은 유혹의 덫이다.

오래된 교실 창문으로 들어오는 저녁놀을 보면 오늘은 책을 보면서 책마을에서 하룻밤 묵고 싶다는 생각이 든다. 그러면 사서이자 책방 주인장에게 하룻밤 숙박을 요청해볼 수도 있다. 오롯이 책방여행인 셈이다. 2층 교실 한 칸은 책을 사랑하는 여행자들을 위한 숙소로 온전하게 내어줄 준비가 돼있다. 하루를 온전하게 책을 사랑하는 여유를 부리고 싶다면 헌책방 여행을 선택해보자. 아쉽게도 이 '책마을'은 현재 일반인에게 개방하지 않는다. 코로나사태의 여파다. 지금은 온라인으로만 책을 살 수 있다. 그러나 조만간 다시 책마을이 열리게 될 것이다.

가일서가

작은 책방 하나 내서 하루 온종일 책 속에 파묻혀 살고 싶다는 것이 '로망'이라는 주변사람이 적지 않았다. '가일서가'는 책 읽는 삶을 고택과 접목시킨 '몽환(夢幻) 책방'이다.

'가일서가'는 조선시대 선비들이 초야에 묻혀 공부하는 고색창연한 고택에 둥지를 틀었다. 경북도청이 들어선 안동시 풍천면의 유서깊은 '가일마을' 깊숙한 곳에 있는 고택, '노동서사'에 자리잡았다. 노동서사는 일제하 노동운동과 독립운동에 헌신한 사회주의자 권오설 선생의 체취가 가득한 고택이다.

권씨 문중의 허락으로 가일서가(대표 이가람)는 1년간 직접 고택을 서점으로 개수하는 수고로움을 마다않고 땀흘린 뒤에야 이곳을 책방으로 바꿀 수 있었다.

'가일서가'는 책을 파는 서점으로서만 존재하는 것이 아니라 주변 지역주민과 함께 하는 다양한 교육프로그램을 함께 진행하고 있다. 고택의 주인인 권오설 선생이 '원흥학술강습소'를 열어 주민들을 교육시키고 노동조합을 결성하고, 독립운동을 이끌었듯이, 가일서가도 마을 어린이들을 위한 영어교실, 마을주민들과 함께 하는 책읽기 등 여러 교양프로그램을 운영하고 있다.

프랑스의 '꼬뮌'운동처럼 지역사회 문화운동의 중심지로 만들겠다는 책방주인의 야심찬 포부가 읽힌다. 책을 함께 읽고 글쓰기공부까지 이끌면서, 책 출간과 함께 인세(印稅)를 주는 기쁨도 준다.

가일서가가 판매하는 책은 인문서적이다. 책방 주인이 매주 선정한 책은 한 권씩 예쁘게 포장이 돼있다. 사고 싶은 충동을 느낄 정도로 예뻤다. 책을 사서 자기가 원하는 책방내 어느 공간에서든 '짱 박혀서' 차분히 읽거나 차를 마실 수 있다. 단 다른 사람과 수다떠는 것은 금지다.

가일서가는 예약제로 운영하고 있다. 고택이라는 제한된 공간 탓에 많은 사람이 한꺼번에 받을 수 없는데다 책을 읽고 차를 마시는 공간이라 선택한 예약제다. 주말에는 예약하지 않아도 방문을 허락한다.

모메꽃 책방

이육사 시인의 '초가'라는 시에는 "...가시내는 가시내와 종달새 소리에 반해 빈 바구니 차고 오긴 너무도 부끄러워 술래짠 두뺨 우에 모매꽃이 피었고...."라는 싯구가 나온다. 육사를 사랑하는 시인이 이 시에 나오는 '모매꽃'을 차용해서 책방을 차렸다.

'모메꽃'은 매꽃의 안동사투리다. 들판에 지천으로 피는 모메꽃은 부끄럼타는 가시내처럼 햇볕 쨍쨍한 대낮에는 활짝 핀 모습을 좀체 볼 수가 없다. 늦은 밤이나 이른 새벽 피었다가 해가 뜨면 '부끄러워' 꽃잎을 닫는다. 나팔꽃처럼 화려하지도 않고 소박하게 피는 꽃이다.

안동에서 도산으로 가는 길에 만나게 되는 와룡면 이하마을 한 귀퉁이에 자리잡은 '모메꽃 책방'은 '이육사지킴이'로 안동에서도 유명한 이위발 시인의 책방이다.
서울에서 직장생활을 하다가 고향 영양 언저리 안동에 내려 온 그는 이육사문학관 사무국장으로 재직하면서 문학관을 지키고 있다. 시작(詩作)활동 틈틈이 평생소원이라는 '문학학교' 대신 이육사지킴이로 헌신하는 한편, 소박한 책방 한 칸 꾸리는 것으로 꿈을 대신하기로 했다. 책방 한켠은 시인의 아내가 차린 '염색공방'이다.

"모메꽃은 안동정서와 닮아 있습니다. 나팔꽃처럼 화려하지는 않지만 들판 지천에 핀 소박한 꽃인데다, 새벽에 몰래 핍니다. 작은 책방의 이미지와 잘 어울리고 육사의 시에도 나오는 꽃이라 모메꽃 책방이라 이름을 지었지요."

모메꽃 책방은 책방주인이 소장하고 있던 인문도서와 시집 등으로 구성돼있다. 굳이 책 한권 사지 않더라도 서점에 들러 차 한 잔 마셔도 좋은 편안한 곳이다. 책방에 앉아 있으면 통창으로 보이는 들판 풍경에 시간가는 줄 모른다. 와룡산 아래로 쏟아져내려오는 바람과 봄볕을 즐기다가 가을 낙엽이 후두둑 떨어뜨리는 풍경까지 볼 수 있어 시(詩)보다 더 시적으로 다가온다.

07
고택(古宅)스테이를 즐기다
- 오류헌

설날이 다가오면 설레곤 했다.

설날에는 어른들로부터 세뱃돈을 받을 수 있었을 뿐 아니라 한동안 만나지 못한 사촌들을 만나 같이 놀 수 있었다. 보릿고개를 갓 넘긴 가난했던 시절, 평소 먹지 못하던 푸짐한 명절음식들도 우리들의 궁금한 입을 즐겁게 했다.

그러나 한 가지 아쉬운 것은 시골 할머니집은 전형적인 옛날 한옥이라 방바닥은 따뜻했지만 추웠다. 화장실은 또 바깥에 있어 불편하기도 했다. 편안한 집을 떠나 그런 옛날 집에서 하룻밤 자야한다는 것은 어린 시절에는 고역이었다.

한옥의 하룻밤은 그렇게 불편했던 기억으로 남아 있다.

도심 속 편안한 아파트 생활에 익숙한 우리들에게 한옥 중에서도 특별한 '고택스테이'는 요즘 남다르게 다가온다. 호텔이나 고급 펜션을 숙소로 하는 편안한 여행도 좋지만 안동이나 경주 같은 역사문화도시를 찾아나서는 여행이라면 '고택스테이'를 권하고 싶다.

특히나 '한국정신문화의 수도'를 자처하는 안동의 수백 년 이상된 유서깊은 고택에서의 하룻밤은 더 특별할 것이다.

안동에서도 제대로 된 고택에서 하룻밤을 자는 것은 쉬운 일은 아니다. 안동에는 도처에 고택들이 즐비하다. 마음만 먹으면 고택에서 아예 살 수도 있지만 평소에는 엄두도 내지 못한다. 그러나 안동에는 고택을 빌어 책방을 낸 '가일서가'도 있는 등 고택은 '박제된' 문화재가 아닌 일상생활의 터전으로 친근하게 다가왔다.

'고택스테이'가 문득 남다르게 다가와서 직접 체험해보기로 했다.

조선 중기 이현보의 농암종택이나 묵계종택, 혹은 학봉종택, 오류헌 등 이름만 대면 알만한 당대의 학자와 가문의 종택에서 하룻밤 묵는 것은 어떨까. 길 가던 나그네가 해질녘 낯선 고택의 대문에서 '이리 오너라!' 라며 공손하게 주인장을 부르면, 마치 기다리던 손님이 찾아온 듯 기꺼이 방 한 칸 내어주면서 종가의 기풍을 제대로 느낄 수 있는 기분으로 말이다. 안동의 여염집에서는 길 잃은 나그네를 소홀히 대접하지 않았다.

제 1 부 　 안동에 들어서다.

가난하고 도움이 필요한 이웃을 따뜻하게 대하고 곤궁한 이웃을 구휼하는 것은 세상을 대하는 선비들의 마음이었고 누구나 공유하는 생활철학이자 미덕이었을 것이다.

안동 고택 중에서 어디가 좋을까 고르다가 '오류헌'으로 정했다. 이현보의 '농암종택'과 호사스런 '구름에 리조트' 등에 이르기까지 안동에는 이름난 고택이 많이 있지만 '하루에 딱 한 팀만 예약을 받아, 고즈넉하게 고택의 정취를 온전하게 느낄 수 있도록 배려한다는' 오류헌이 가장 마음에 들었다.

'오류헌'은 안동 시내에서 조금 떨어진 임하면에 있다. 시내에서 차를 타고 20여분 독립운동의 얼이 서린 '내앞 마을'과 '경상북도독립운동기념관'을 지나 임하댐 쪽으로 가다가 만나게 되는 첫 번째 다리를 건너가면 눈에 들어오는 마을이다.

임하댐에 가로막혔던 '반변천'이 내앞 마을에 도달하기 전에 먼저 만나는 마을이 오류헌이 있는 '임하리'다. 오류헌은 원래 임하댐이 조성되면서 수몰된 임동면 지례리에 있다. 1990년 임하댐이 건설되면서 본채와 주요 건물을 지금의 임하면으로 어렵사리 이건한 것이다.

오류헌은 마을의 제일 안쪽 산자락에 자리잡고 있다. 대문에는 큼지막하게 '五柳軒'이라는 현판이 적혀있어서 호기롭게 열린 대문 안으로 들어섰다. 마당이 넓었다. 문득 김원일의 소설 '마당 깊은 집'의 무대인 대구 반월당의 그 깊은 마당이 생각났다. 마당에 들어서서 눈앞에 바로 보이는 한옥이 사랑채다.

시골 큰 집에 모처럼 놀러온 듯 편안했다.

오류헌은 국가민속문화재 제 184호로 지정돼 있는데다, 2020년 한국관광공사로부터 고택스테이 품질 인증을 받은 인증서가 입구에 걸려있었다.

오류헌은 조선 숙종 때 대사성을 지낸 지촌 김방걸(金邦杰)의 셋째 아들 증좌승시 목와(木窩) 김원중(김원중(金遠重)이 1678년 분가하면서 지은 집이다. 그래서 '목와고택'이라고도 부르는데 본채 대청마루에 '木窩古宅'이라는 현판이 붙어있었다.

오류헌은 무엇보다 본채와 별채 등의 생활공간을 담장으로 구분해 놓은 것이 독특했다. 김원중의 14대손인 주인장 김상돈 선생은 본채와 사랑채 및 별채 구조에 대해 문화해설사를 자청, 상세하게 설명에 나선다. "문살과 마루는 조선시대 사대부 가옥의 아름다움을 잘 표현해주고 있으며 이런 섬세한 문살은 다른 고택에서는 절대로 찾아볼 수 없을 것"이라며 오류헌을 지키는 종손으로서의 자부심을 감추지 않았다.

사랑채는 1920년에 새로 지은 100년이 된 한옥인데도 350년이 지난 본채와도 잘 어울렸다.

'오류헌'이라는 이름은 중국의 시인 도연명의 '귀거래사'를 본떠 다섯 그루의 버드나무를 심었던 김정환(金廷煥)의 호를 따서 지었다.

사랑채 툇마루에 앉아 눈 내린 마당과 하늘을 천천히 올려다보면서 주인장이 내주는 차 한 잔을 함께 했다. 고택스테이는 보이차 한 잔으로부터 시작했다.

오늘 머물게 된 숙소는 별채인 '영모재'(永慕齊)다. 별채는 본채 및 사랑채와 별도로 담장이 둘러쳐진 구조여서 독립적이어서 아늑하고 좋았다. 완벽하게 분리된 독립 공간이었다. 방안에는 정갈하게 개켜진 목화솜이불 몇 채와 가지런하게 정돈된 가구들이 눈에 들어왔다. 따뜻하게 데워진 방안에 들어서자 오후에는 그냥 아무 곳에도 가지 않고 뒹굴뒹굴하는 하루를 보내고 싶었다. 방바닥은 장작불로 데워졌다. 아파트 온돌에서는 느낄 수 없는 느낌이었다. 그냥 드러누워서 '늘 욱신거리는 오십견이 있는 어깨와 허리'를 지지고 싶었다.

창살로 들어오는 오후의 햇살은 세상 어디에서도 느낄 수 없는 오류헌 만의 선물이었다. 그냥 아무 것도 하지 않고 느릿느릿 고택에서의 하루를 보내라는 신호 같았다.

눈발은 그치지 않고 본채 안 마당 장독대위로 흩날렸다. 장독대를 하얗게 덮은 눈이 장독대를 가지런하게 정리하던 어머니의 모습을 떠올리게 했다.

운 좋게도 '눈 내리는' 고택의 하루를 만들어 준 겨울하늘에 감사드려야겠다.

오후 늦게서야 눈이 그쳤다. 어디선가 새들이 날아와 짹짹 거렸고 뒷마루에는 고양이 한 무리가 올라앉아 재롱을 부렸다. 길고양이들이 집안으로 들어오면 양껏 먹을 양식을 챙겨주는 주인장의 인심이 길고양이 무리들을 제집처럼 만들었나보다. 모두 길고양이들이었다. 주인장은 '순후(淳厚)가풍'이라고 설명했다. 누구에게든 인심을 후하게 베풀어온 것이 오랜 가풍이었다는 것이다.

고택에 살면서 지키는 것은 오래된 박제된 집이 아니라, 조상 대대로 지켜 온 오류헌의 지혜와 함께 나누는 삶의 철학이라는 것을 배웠다.

화장실은 별채에 딸려있지 않고 밖에 있었다. 전통한옥 구조에서 원래 화장실은 집안에 두지 않는다. 그래서 별도로 공간을 만들어 짓거나 따로 두기 때문에 '뒷간'이라고 한 것이다. 화장실과 세면실은 따로 있었지만 현대식으로 깔끔하게 잘 꾸며놓아 그다지 불편하지 않았고 춥지도 않았다.

고택의 밤은 무서울 수도 있다. 창호지로 흘러들어오는 교교하게 비

치는 별빛과 달빛이 고층아파트에서 느끼는 그것과 같을 수는 없다. 그러나 밤늦게 들려오는 산 속 축사를 지키는 사나운 개들의 컹컹거리는 소리는 늑대소리처럼 사납고 산골짜기를 스쳐 지나는 서걱거리는 바람, 삐걱거리는 대문소리는 잠을 이루지 못할 게 할 수도 있다. 그러나 도심 어디에서 그런 자연의 소리를 들을 수 있을까.

주인장이 챙겨준 단아한 안주에 안동소주 몇 잔으로 달콤한 밤을 보냈다면 그것보다 더 멋진 고택의 저녁은 없을 것이다. 그렇다고 모든 고택스테이가 다 똑같지는 않을 것이다. 여러 팀들이 함께 머무는 다른 고택이라면 때로는 사람들로 인해 방해를 받을 수도 있다.

'쨱쨱거리는' 새 소리에 아침잠을 깬 적이 있는가. 요즘 같은 겨울에는 어디선가 들려오는 부지런한 새 소리에 새벽잠을 깨기 일쑤다. 그러나 여기선 일찍 일어나지 않아도 된단다. 정해진 아침 시간은 없다. 그러나 별다른 숙취랄 것도 없는데 안주인은 해장에 좋은 녹두닭죽 한 그릇에 정갈한 반찬을 가지런히 담아 아침밥상으로 내놓는다. 안주인의 정성이 한껏 드러나는 아침밥상이었다.

고택스테이를 고집하는 이유는 다양할 것이다. 고급 호텔에서 느껴보지 못한 고택이 주는 특별함을 느끼고 싶다면 언제든 다시 찾아가게 되는 것이 고택의 맛일 것이다. '고택스테이'는 오래된 집이 주는 편안함이 아니라 그 고택을 지키는 사람들의 숨결을 느끼면서 역사를 생각하는 하루였다.

오류헌 고택스테이 예약은 '에어비앤비'를 통해 할 수 있다. 하루에 한 팀밖에 받지 않아, 한 가족이든 한 팀이든 구애받지 않고 마음껏 별채든, 사랑채든 이용할 수 있다는 점이 장점이다. 주인장의 인심은 덤이다.

08
낙동강 영호루

제 1 부   안동에 들어서다.

물을 다스리는 치수(治水)는 세상을 다스리는 치세(治世)의 기본이었다. 그래서 수리(水利)의 도는 치세법(治世法) 중 으뜸이었고 둑을 잘못쌓는 등 잘못 다루었다가 홍수가 나고 흉년이 나면 왕이 쫓겨나거나 수백 년 된 왕조도 뒤집히는 것이 세상의 이치였다.

후진타오 전 중국 주석이 칭화대학교 수리공정과에서 하천시설발전소 등을 전공한 것도 그가 중국 최고지도자가 되는 길에 적잖은 도움이 됐다는 후문이다.

'물을 다스리는 자가 천하를 지배한다.'

태초에 강을 따라 문명이 형성되었다. 중화문명도 황하(黃河)를 중심으로 형성되었고, 장강(長江)을 따라 중화문명이 꽃을 피웠다. 마찬가지로 한반도의 문명도 한강과 낙동강이라는 두 줄기의 강이 원류다.

그래서 도도히 흐르는 강은 역사의 흐름을 상징한다. 강이나 호수에 세워진 악양루와 등왕각을 비롯한 중국의 누각들이 웅장하고 위압적인 면모를 자랑한다면 우리의 누각은 자연과 조화를 이루는 단아하고 수려한 풍모로 특징지을 수 있다.

수년 전 두보(杜甫)를 비롯한 수많은 당대 시인문인들이 찾아 나섰던 악양루(岳陽樓)를 찾았다. 동정호(洞庭湖)를 바라보는 곳에 자리잡은

악양루는 시대에 따라 중수되면서 모습이 바뀌기도 했지만 지금의 악양루와 같은 전형적인 청나라양식의 3층 누각이었다. 누각 입구에 걸려있는 두보의 시 〈등악양루〉를 필사한 마오쩌둥의 〈등악양루〉필사본이 먼저 눈에 띄었다. 두보의 시보다 범중엄의 〈악양루기〉가 더 유명하지만 마오의 두보시 필사본이 더 두드러지게 들어왔다.

昔聞洞庭湖 今上岳陽樓 吳楚東南坼 乾坤日夜浮
親朋無一字 老病有孤舟 戎馬關山北 憑軒涕泗流.
예부터 동정호는 들어 왔었지만, 이제 그 악양루에 오르니,
오와 조 땅은 동남으로 탁 트이었고, 하늘과 땅은 밤낮으로 물에 떠 있구나.
친척과 벗은 편지 한 장 없고, 늙어 병 든 몸 외로운 배로 떠돌다니.
고향 산 북녘은 아직 난리판이라, 난간에 기대어 눈물만 흘리네.

마침 비가 주룩주룩 내리고 있어 악양루와 눈앞에 보이는 동정호의 풍경은 두보의 시정(詩情)를 더욱 떠올렸다.

악양루에 오르니 동정호의 또 다른 자랑거리라는 작은 섬 '군산도'가 보였고 빗속에 배들이 오가는 모습이 화들짝 놀라게 했다. 배는 놀잇배가 아니라 대형화물선이었다.

마오쩌둥은 왜 두보의 시를 필사했을까 지금도 궁금하다.

악양루는 우리나라에도 두 곳에나 있다. 토지의 주무대인 경남 하동 악양면에 있는 악양루와 함안의 악양루가 그것이다. 두 악양루 모두 동정호의 악양루에서 비롯된 것이다.

낙동강 물길 천 삼백 리. 구비쳐 흐르는 낙동강은 한반도 문명의 기둥이자 영남의 젖줄이었다. 강을 따라 마을이 생기고 역사가 축적됐을 터. 그래선가 낙동강에는 이름난 누각들이 꽤 있다. 가장 상류인 안동에 '영호루'가 있다면, 중류의 의성 관수루가 있고 밀양의 영남루와 진주 남강의 촉석루가 영남의 이름난 누각으로 꼽혔다. 영남루를 제외한 다른 누각들은 6.25 전쟁 때 소실되거나 홍수로 훼손되는 바람에 새롭게 중수한 누각이라 문화재로는 인정받지 못하는 게 안타깝다.

안동 영호루는 안동 신시장 등 구시가지로 들어가는 영호대교 옆 낙동강변 언덕에 있다. 원이엄마 이야기가 짙게 밴 능소화 거리가 시작되는 영호대교와 시민운동장으로 갈라지는 사거리 바로 옆에 있어 누각에 오르면 낙동강이 흐르는 모습과 영호대교를 한 눈에 바라볼 수 있다. 풍광으로야 안동댐 좌측에 안동댐 건설과 함께 지은 '안동루'에서 낙동강을 바라보는 풍광보다 더 멋진 '뷰'는 없다. 특히 저녁해가 뉘엿뉘엿 넘어갈 때 안동루에 올라 바라보는 낙조는 천하제일이다.

그러나 영호루의 낙조도 안동루 못지않다. 혹은 강 건너에서 바라보이는 영호루의 야경은 안동야경의 또 다른 명소로 꼽힌다.

'영호루'(映湖樓)의 건립시기는 특정되지 않는다. 고려 때 라는 것 외에는 어느 문헌에서도 건립연대를 찾아내지 못한 모양이다. 다만 강을 바라보는 쪽에 걸린 한자 현판 '映湖樓'는 고려 공민왕의 친필 현판이라는 점에서 고려시대에 건립됐다고 짐작할 뿐이다.

고려시대에 건립된 오래된 누각이지만 여러 차례 홍수피해를 입어 훼손됐고 결국 공민왕의 친필 현판 외에는 누각이 사라졌다. 그러자 이를 안타까이 여긴 안동시민들이 나서 강물에서 찾아낸 현판을 바탕으로 1969년 옛 모습을 되살려 중수한 것이 지금의 영호루다. 한자 현판 뒤쪽에는 한글로 쓴 박정희 전 대통령의 현판글씨가 걸려있는 것도 이색적이다. 하긴 상류라고 해도 큰 홍수가 여러번 났다면 누각이라고 온전할 수가 있었을까.

능소화거리가 시작되는 그 길에서 천천히 강쪽으로 난 오솔길을 접어들면 영호루 가는 길이다. 가다가 보면 오른쪽 언덕에는 충혼탑이 보인다. 민가를 지나 바로 옆에 있는 돌계단이 정겹다. 바짝 마른 겨울 나무 사이로 누각이 보이기 시작했고 한글로 적은 영호루 현판도 보였다. 누각에 걸려있는 '한글 현판'은 아무래도 낯설었다.

군사쿠데타로 집권한 박 전 대통령은 전국 곳곳에 직접 한글로 현판을 하사해서 걸도록 했다. 일제총독부의 잔재를 씻겠다며 광화문을 만들어 한글로 광화문 현판을 게시하도록 한 것부터 순시하는 곳곳에 한글현판을 직접 써서 하사했다. 군사독재문화의 잔재라기보다는 한자와 왜색문화에 젖어있던 당시에 우리 문화에 새로운 인식을 촉구하기 위한 절절한 마음의 표현이 아니었을까 생각해보기도 한다.

그래선가 그 시대에 대한 부정적인 평가가 있었음에도 불구하고 안동 영호루의 한글 현판은 떼어내지 않았다.

누각으로 오르는 돌계단은 꽤나 운치가 있었다. 자주 가던 곳이었지만 '잔설' 내린 누각으로 가는 길은 미끄러웠다.

아쉬웠다. 제일 먼저 눈에 들어오는 누각의 기둥이 콘크리트였다. 지금 옛 문화재를 복원하거나 중수(重修)한다면 고증을 통해 최대한 옛 모습 그대로 복원하겠지만 홍수로 완전히 훼손돼 형체가 사라져버린 누각을 새로 지은 1969년 당시에는 다시는 홍수피해를 입지 않도록 튼튼하게 짓는 것이 우선이었던 모양이다. 그래도 콘크리트 기둥은 유감이다. 진주 촉석루도 6.25때 소실된 것을 새로 지었는데 옛 모습 그대로 잘 지었지 않은가.

누각에 오르면 시 한 수 저절로 나올 정도로 한 폭의 그림 같은 풍경이 눈에 들어온다. 세 개의 다리다. 맨 왼쪽은 안동역이 송현동 신역사로 이전해가면서 기차가 다니지 않아 폐선이 된 철도교다. 맨 오른쪽은 구시가지로 이어주는 영호대교다. 그리고 나란한 다리는 영호대교 개통 이후 인도교로 활용되고 있는 안동교다.

누각 기둥이 구분짓는 그림 속에는 강과 다리와 건너편 안동시가지의 아파트들이 가지런하게 자리잡았다. 예나 지금이나 사람사는 모습은 달라진 것이 없을 터였다.

관리가 잘 되지 않던 예전에는 안동시민들이 누각에 올라 짜장면도 시켜먹고 했다는 전설같은 이야기도 들여온다. 그들도 아마 이 영호루를 찾은 당대 이름난 시인묵객처럼 주안상을 펼치고 시 한 수 지어보려 그러한 것이 아니었을까.

누각 중앙 좌우로는 '낙동상류 영좌명루'(洛東上流 嶺左名樓)라고 쓴 큰 현판이 걸려있다. 1860년 훼손된 영남루를 중수한 당시 안동부사 김학순(金學淳) 이 쓴 현판이다. 그리고 누각을 사방으로 둘러가면서 퇴계와 정도전, 정몽주 권근 우탁 이현보 주세붕 김종직 등 당대 내로라하는 문인 학자 세도가들의 한시가 편액으로 빼꼭하게 걸려있다.

그 중에 퇴계의 시 한 수 옮겨본다.

映湖樓(영호루) 퇴계

客中愁思雨中多 況值秋風意轉加

獨自上樓還盡日 但能有酒便忘家

慇懃喚友將歸燕 寂寞含情向晚花

一曲淸歌響林木 此心焉得以枯槎

나그네 시름 비 만나 더한데

가을바람이 더욱 심란하게 하는구나,

홀로 누각에 올라 하루를 다 보내도

술잔들어 능히 집에 돌아갈 그리움 잊는다,

은근히 벗을 불러 돌아가는 제비는

쓸쓸하고 적막한 정을 품고 지는 꽃을 향하네

한 곡조 맑은 노래 숲속을 울리는데

이 마음 어쩌다 삭정이가 되었을꼬

해질녘 영호루에 올라 낙조를 바라보는 것도 좋고 이른 새벽 운동삼아 강변을 걷다가 누각에 올라도 좋다.

낙동강의 고즈넉한 풍광을 기대한다면 안동루에 올라보기를 권한다.

안동루는 오래된 옛 누각은 아니지만 풍광하나는 뛰어나다. 안동루는 안동댐 건설과 함께 세워진 누각으로 안동댐에서 내려오는 물길이 만들어내는 낙동강과 월영교까지 한 눈에 담을 수 있는 '뷰맛집'이다. 발아래는 요즘 뜨고 있는 안동의 핫플레이스 지베르니의 정원으로 불리는 '낙강물길공원'이다. 낙강물길공원에서 놀다가 위쪽으로 10여분 걸어 오르면 안동루에 오를 수 있다.

안동루에서 본 낙동강풍광

09
세계문화유산 봉정사

'조용한 산사 봉정사에서 한국의 봄을 맞다'

1999년 4월 21일이었다. 엘리자베스 2세 영국여왕이 국빈방문 중 봉정사를 찾아 방명록에 감회를 썼다. 여왕은 '한국의 산사'에서 한국의 봄을 제대로 느꼈던 모양이었다. 이제 이 꽃샘추위도 물러나고 나면 거칠 것 없는 봄이다.

메마른 대지는 다시 살아나고 바람에는 봄기운이 물씬 묻어나면서 만물이 소생하는 봄이다. 이미 남쪽에선 파릇파릇한 보리싹이 봄을 알리고 있고 동백은 마지막 내리는 눈 속에서도 붉디붉은 자태를 뽐내고 있었다.

봉정사로 가는 길 옆으로 난 논두렁밭두렁에서는 봄농사를 준비하려 거름을 내는 안동농부들의 손길이 분주했다.

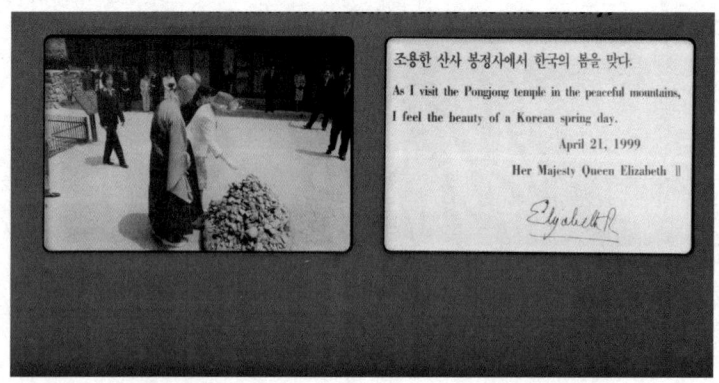

엘리자베스2세 영국여왕의 봉정사 방문 모습과 방명록

봉황이 앉은 자리에 지은 절이라는 의미의 '봉정사'(鳳停寺). 봉정사는 신라 문무왕 12년인 서기 672년, 능인대사의 전설로부터 시작된다. 능인대사가 아직 어린 소년이었을 때 봉정사가 자리잡은 천등산 자락의 한 바위굴에서 불법에 정진하고 있었다. 그렇게 십년을 수도하는 그에게 어느 날 밤 아리따운 여인이 나타나 유혹했다. 산 속에서 수도에 정진하던 능인은 하마터면 여인의 유혹에 넘어갈 뻔 했다. 그러나 능인은 "나는 편안함을 바라지 않으며 부처님의 공덕을 사모할 뿐 세속의 행복을 바라지 않는다"며 여인의 유혹을 뿌리쳤다.

그 여인은 옥황상제가 보낸 시험이었다. 여인이 물러나자 하늘에서 바위굴에 등(燈)을 보내 어둠을 쫓아 수도에 정진하도록 보살폈다. 그때부터 이 산을 천등산(天燈山)이라 부르게 됐다는 전설이다.

수도를 마친 능인대사가 종이로 봉황을 만들어 도력으로 날렸더니, 학가산을 거쳐 지금의 봉정사 자리에 앉았다. 능인은 봉황이 앉은 자리에 절을 지어 봉황이 머무른 곳이라는 의미로 봉정사라 이름을 지었다. 봉정사의 전설은 그렇게 끝도 없이 이어졌다.

봉정사는 안동에서는 가장 큰 절이자 세계문화유산으로 등재되기도 했다. 그럼에도 큰 절이라는 위압감도 세계문화유산이라는 부담도 전혀 느껴지지 않는 조용한 '산사'(山寺)다. 함께 문화유산으로 등재된 통도사나 법주사 같은 사찰보다는 훨씬 작은 전형적인 산사다. 영국여왕이 안동에 와서 하회마을과 봉정사를 찾은 것은 이같은 절제된 한국의 아름다움을 제대로 느껴보기 위해서였다.

대웅전 등이 배치된 본당 영역은 아기자기하면서도 단정하고 고풍스러운 산사의 전형적인 모습을 보여준다.

우리나라 최고(最古)의 건물이자 고려시대의 간결하고도 강한 아름다움을 지닌 극락전, 조선시대 건축된 최고(最古)의 대웅전, 고금당과 화엄강당, 무량해회, 스님들이 기거하는 공덕당 만세루 종각 등이 고풍스러우면서도 질서정연하게 배치돼있다.

천등산 등산로에 도착, 매표소에서 입장권을 산 후 봉정사까지는 걸어서 20여분 정도 산길을 올라가야 한다. 매표소에서 가는 길은 다소 가파르게 여겨졌지만 생각보다 힘들지 않았다. 자동차 한 대가 지나갈 정도로 아스팔트가 깔린 좁은 산길이었지만 양 옆으로 늘어선 '소나무길'이 계속 이어졌으면 하는 기대감이 들 정도로 길은 편안했다. 삐뚤삐뚤하면서도 질서정연한 듯이 보이는 숲길에 펼쳐진 소나무의 선(線)은 세상 어느 나무도 따를 수 없는 한국의 산에서만 볼 수 있는 곡선이다.

유명 사진작가 배병우가 찍은 경주의 소나무는 우리 산 어느 곳에나 있다. 다만 소나무를 보는 각자의 시선이 다를 뿐이다.

쭉 뻗은 전나무나 하늘 높은 줄 모르게 자란 키다리 잣나무숲에서 느끼는 위압감과는 다르게 소나무 숲길에선 자연과 일체가 되는 듯 몰입과 동화감이 최고조에 이른다.

작고한 소설가 최인호의 '길없는 길'에서 본 '경허선사'의 게송을 통해 봄기운 듬뿍 받고 있는 산사 봉정사의 하루를 만끽해본다.

'世與靑山何者是 春光無處不開化'
(세상과 청산, 어느 것이 옳은가. 봄볕이 있는 곳이면 어디든지 꽃이 피지 않는 곳이 없다)

우리가 사는 속세와 산사가 자리한 청산, 어느 곳이 옳은가 시비를 가릴 필요가 없다. 봄볕이 따뜻한 봄이 되면 속세든 청산이든 꽃은 필 것이니 속세와 청산, 어느 곳이 옳은지 시시비비를 가릴 것이 아니라, 어느 곳에 꽃이 피는지 꽃을 찾아가는 것이 아니라 마음 속 봄볕(春光)을 찾아야 한다는 의미다.

산사에 오르며 삶의 계송 하나를 기억해냈다. 우리는 불자(佛子)가 아니어도 산사를 찾는다. 그 산에 절이 있어 오르는 것이지 그 절을 찾아 굳이 그 산을 오르지 않는다는 말이다. 산사가 없는 산은 그저 적막한 산이지만, 산사가 자리하고 있는 산은 누군가를 찾아나서는 설레임이 수반된다. 그래서 산행도 좋지만 그 산에 있는 산사를 찾는 산행도 더할 나위 없이 좋다.

조계사와 봉은사 같은 조계종의 본산은 서울시내 한 복판에 있지만 산사는 살아있는 우리의 문화유산이자 전통적인 불교유산을 대표한다. 산사에 가서 기도를 하고 공부를 하기도 하고 출가를 해서 수행을 했다.

봉정사로 들어서는 일주문(一柱門)은 소박하기 그지없다.

산사에 들어서는 산문(山門) 중 첫 번째 문이 일주문인데 일심(一心)을 상징한다. 산사에 들어서려면 세속의 번뇌를 불법의 청량수로 말끔히 씻고 일심으로 부처의 세상으로 들어오라는 가르침을 담았다. 역시나 봉정사 일주문도 네 개의 기둥을 세우고 지붕을 얹는 일반적인 집과 달리 두 개의 기둥을 세우고 지붕을 얹는 형태였다. 일주문의 기와지붕이 마치 머리가 지나치게 큰 '가분수'처럼 불안정해 보이는 것은 그 때문이다.

이제부터는 산사의 영역이다.
산사에 들어갈 때는 일주문을 우회하지 말고 반드시 이 문을 통해 들어가야 한다. 생각보다 본당은 일주문에서 가깝다. 눈앞에 거대한 돌에 새긴 세계문화유산 봉정사 간판이 들어오고 눈을 들면 바로 절이 보였다.

계단을 따라 올라가면 누각으로 들어서게 된다. 만세루(萬歲樓)다. 봉정사 본당으로 들어서는 출입구에 해당하는 만세루를 통해 들어서면 정면에 대웅전과 화엄강당, 그리고 무량해회 등이 'ㄷ'자 형태로 배치돼있다. 만세루는 종루의 역할도 겸한다. 만세루는 문득 병산서원의 만대루와 닮았다는 느낌이 들었다. 어쩌면 조선시대 서원의 대표적인 강당이었던 만대루처럼 봉정정사 만세루 역시 '불법'을 공부하는 학승과 선승들의 강당으로 사용되었을 것이다. 이 만세루는 조선시대인 1680년 건립되었다고 전해지는 데 17세기 후반 목조건축물의 특징이 잘 나타나있다는 평가를 받는다고 한다.

본당인 대웅전과 바로 옆의 극락전, 고금당은 각각 보물과 국보로 지정된 문화재다. 불교 문화재를 보는 안목이 없어도 가지런하게 배치된 봉정사 본당 영역은 잠시 둘러만봐도 경건함을 느끼게 했다.

대웅전을 지나 오른쪽으로 비껴나 걷다가 만나게 되는 요사채는 영산암이다. 이곳에서는 '달마가 동쪽으로 간 까닭은'이란 영화를 촬영하기도 했다. 영산암으로 오르는 계단은 '사진명소'로 알려져 있어 '인생샷'을 찍는 사람들의 모습을 종종 발견하곤 한다. '셀피' 인생샷도 가능하다.

속세의 번뇌와 고민이 쉬이 해결되지 않거나 일이 잘 풀리지 않는 사람들은 산사를 찾아 마음의 평정을 찾는 '템플스테이'를 하기도 한다. 나 역시 문득 하루 이틀 정도 세상사 모든 것을 내려놓고 산사에서 지내고 싶은 생각이 든다. 산사에서의 '느릿느릿 스테이'는 아직 실천하지 못한 나의 버킷리스트 중의 하나다.

천등산은 574m로 산행하기에도 힘들지 않다. 입장료를 내고 들어가서 산행을 시작해도 되고 매표소 입구쪽에 있는 주차장 쪽에서 등산로를 따라 산행을 시작하면 굳이 표를 끊지 않아도 된다.

주차장 쪽에 가볍게 요기를 해결할 수 있는 식당이 있고 봉정사로 들어가는 초입에는 분위기 좋은 찻집도 여럿 있다.

10
천년의 숲과 검무산

'나는 걷는다'의 저자 베르나르 올리비에는 퇴직한 후 예순 두 살의 나이로 배낭을 매고 길을 떠났다. 베르나르는 책을 쓰거나 취재를 위해서가 아니라 오로지 '자신을 발견하기 위해' 길을 떠났고 끝없이 두 발로 걸었다.

그가 터키 이스탄불에서 중국 시안까지 걸어간 1099일의 여정이 고스란히 담긴 책이 〈나는 걷는다〉였다.

2000년내 초반 이 책이 출간되자마자 그의 책을 읽으면서 나도 퇴직하면 베이징에서 이스탄불까지 베르나르의 여정을 거슬러 걷겠노라 결심한 적이 있다. 그러나 내게 주어진 시간은 제주 올레길도 허락하지 않았다.

도청 정문인 솟을삼문 경화문

안동에 와서야 나는 비로소 수시로 혹은 짬을 내서 안동을 마음껏 걸을 수 있게 되었다.

이제는 정말 걷기 좋은 계절, 봄이다. 지금 걷지 않으면 땡볕을 견디기 어려워서 걷기가 힘들어지는 여름이 금방 올 것이다.

점심을 먹고나면 졸립기 시작했고 졸음을 쫓기 위해 강변으로 나아갔다. 늘 낙동강을 따라 걷다가 오늘은 경북도청이 들어선 신도시로 갔다. 그곳에는 신청사 뿐 아니라 천혜의 검무산과 천년 숲이 있다.

―

경상북도에서 대구시가 직할시로 분리되면서 대구시까지 관할하고 있던 '경상북도' 청사는 엉겁결에 남의 땅에 있는 손님이 되어버렸다. 경북도청의 경북 이전은 그래서 추진되기 시작했고 도청이 이전하면 낙후된 경북은 발전의 계기를 마련할 것처럼 보였지만 안동은 도청이 들어서기 전이나 지금이나 별다른 변화가 없다. 안동과 예천사이에 '신도시'가 들어선 것 외에는 표면적으로는 말이다.

경북도청 신청사는 우여곡절 끝에 2016년 3월 10일 공식 개청했다. 검무산 아래 '배산임수'(背山臨水)의 전형적인 길지(吉地) 풍수를 바탕으로 자리잡은 신청사는 전통 한옥 구조의 웅장한 건물로 수많은 관광객들이 찾아올 정도의 관광명소로 자리잡았다. 청와대나 경복궁 같은 조선시대 궁궐보다도 낫다는 소문이 자자했다. 신청사를 감싸안은 검무산을 배경으로, 앞으로는 하회마을을 휘돌아 도는 낙동강이 청사 앞

을 흐르는 전형적인 '장풍득수'(藏風得水 바람을 막고 물을 얻는다)의 풍수명당이다. 신도시에 가서 도청 신청사를 바라보고 해발 332m의 검무산에 올라 신청사와 신도시를 내려다보니 '과연 기가 막히게 좋은 곳에 자리 잡았다'는 감탄이 절로 나왔다.

무엇보다 도청 신청사는 걷기에 좋았다.
공공기관이나 관공서답지 않게 아예 담장이 없다. 신청사 정문인 솟을삼문 '경화문'(慶和門)에서부터 새마을광장, 긴 회랑에 이어 본청인 안민관으로 이어지는 도청 경내는 어디서부터 걷기 시작해도 좋을 정도로 탁 트여있어서 '개방'과 '소통'이라는 요즘 시대의 트랜드와 딱 들어맞았다.

사실 청와대는 물론이고 아무리 으리으리하고 좋다고 한들 관공서 경내를 구경다니는 건 별로다. 그러나 신청사 정문 바로 앞에 조성된 '천년숲'은 다르다. 봄이 시작되는 요즘에는 아직 푸르른 숲의 원래 모습이 조금 부족해보이지만 천년 숲은 '신라 천년'의 역사를 기억하고 있는 경주 첨성대와 반월성 사이 울창한 '계림'을 떠올리게 했다. 도청 신청사를 중심으로 왼쪽에 조성된 아파트 등의 주거와 정주시설들은 아직 건설 중인 것처럼 어설퍼보였어도 천년 숲은 신청사가 들어서기 오래 전, 아마도 천 년 전부터 그 자리에 있었던 숲처럼 자연스러웠다.

어디서 옮겨 심었는지 모르지만 수백 년은 족히 됐을 것 같은 소나무를 옮겨 심어 조성된 소나무 숲은 편안했다. '천년 숲'은 신청사 이전을 시작으로 새로운 천년의 역사와 시간을 담을 수 있도록 생태계를 조성한 경북도청 신청사 이전을 기념하는 공원이었다.

천년 숲 입구에는 '산림부문 온실가스 배출권거래제 외부사업으로 등록된 숲으로 연간 65톤의 이산화탄소를 흡수하여 후손들에게 건강한 지구를 물려주기 위해 조성된 건강한 숲'이라는 친절한 설명이 붙어있었다.

경화문 앞 도로를 가로질러 천년 숲으로 들어서자마자 '황토 족욕장'과 황톳길이 눈에 들어왔다. 누구나 이용할 수 있는 황토족욕장은 난생 처음이다. 신발과 양말을 차례로 벗고 어린아이처럼 황토에 발을 씻어내고 싶은 욕망을 느꼈지만 꾹꾹 눌러 참았다. 아직 아침 저녁 기온이 서늘해서 이용하는 사람은 거의 없다. 봄이 완연해지면 너도나도 족욕장에서 황토족욕러시가 이뤄질 것 같다.

족욕장 바로 앞에 세속시설도 다 마련돼 있다. 족욕장 바로 앞에는 또 맨발로 걸으라는 황톳길이 100여m 정도 조성돼있다. 천년 숲에서는 발이 호강하는 것 같다. 일주일에 하루정도라도 맨발로 황톳길을 걷고 황토 족욕을 할 수 있다면 발 건강엔 최고가 아닐까.

천년 숲 남쪽에도 맨발로 걸을 수 있는 황톳길과 마사길, 지압보도 등이 마련돼 있다. 느티나무 쉼터 쪽이다.

천년 숲에 조성된 황토족욕장과 황톳길

언덕길로 올라 소나무 숲 사이로 난 오솔길을 걷노라면 여기가 신도시라는 사실을 잊어버린다. 마치 깊은 산 휴양림에 온 듯한 기분으로 걷다보면 소나무 사이로 작은 연못 하나가 보인다. '천년지'다. 천년을 살 수 있는 인간은 없다. 그러나 이 숲도, 이 연못도 천년 후에도 영속하길 바라는 인간의 욕망을 담았다.

연못 주위에는 능수버들이 주렁주렁 늘어져있다. 며칠 사이 파릇파릇 능수버들 새잎들이 솟아난 모양이다. 말 그대로 '물이 올랐다'. 중국 황사가 오고 봄비가 내리면서 주체할 수 없는 봄기운이 능수버들 '머리꼭대기'까지 올라왔다.

천년지는 어쩌면 또 다른 비밀의 숲일 수도 있다. 어스름 어둠이 채 가시지 않은 이른 아침에 갔을 때 천년지는 새벽안개로 가득했다. 그래선가 마치 안동댐 아래에서 만난 그 '낙강물길공원', 비밀의 정원을 다시 만난 듯한 느낌을 받았다. 봄이 오고 녹음이 우거진 어느 날 새벽 나는 다시 '비밀의 숲'같은 천년지를 만날 수 있을 것 같다.

―

　안동과 예천의 경계지역인 안동시 풍천면과 예천군 호명면에 걸쳐 조성된 도청신도시 인구는 2020년 연말을 기점으로 2만 명을 훌쩍 넘었다. 도청이 이전한 2016년 3천67명에서 2017년 8천63명이었던 것에 비하면 괄목할만한 증가세다.
　주민등록상으로는 40대 이하 인구가 81.1%에 이르고 주민의 평균연령 32.5세로 경북도내에서 가장 젊은 도시다. 그래서 초등학교 2개소에 중학교 고등학교가 각각 1개소로 정주하는 신도시로 자리 잡고 있는 중이다.

천년지 능수버들에 물이 꼭대기까지 올랐다.

신도시 주민들의 다수는 도청과 신도시에 입주한 공공기관 직원가족들이다. 이들이 가장 좋아하는 산이 검무산이다. 검무산과 천년 숲은 신도시 주민들에게는 자연의 선물같은 존재다.

—

검무산을 올랐다.

해발 300여m 남짓한 산은 가볍게 산행하기에 적당하다. 검무산에 오르는 사람들의 복장은 가볍다. 마트에 갔다가 혹은 산책을 하러나왔다가도 쉽게 오를 수 있는 산이다.

경북도청 본청 바로 뒤쪽으로는 검무산으로 오르는 등산로가 두 곳이 있다. 등산로 초입에 자리한 '관풍루'가 시선을 끌어당긴다. 관풍루 옆에는 코로나사태가 한창이던 2021년 문을 연 '마음 한쪽 정원'이 있다. 예천이 고향인 안도현 시인이 이름을 지은 이 정원은 주목나무를 병풍처럼 겹겹이 심었고, 안쪽에는 측백나무와 사철나무로 4개 구역을 구분, 직원들과 주민들이 쉴 수 있는 휴식공간이다. '내 집의 뜰처럼 여기고 산책하면서 마음 한 쪽에 담아두는' 정원이다. 그냥 편안하게 걸었다.

정원을 뒤로하고 산으로 향했다. 산길은 평탄했고 잘 정돈돼 있다. 중간 중간 오르막이 있어 그다지 긴 등산로가 아닌데도 적당한 운동감이 든다. 정상으로 오르는 고비는 나무 계단이다. 정상은 게으름피지 않고 쉬지 않고 올라야 닿을 수 있는 곳이라는 생각을 깨닫게 하는 기나긴 계단이다.

드디어 정상이다. 검무산 표지석이 눈에 들어왔다. 발 아래로 도청 신청사며 도의회 그리고 도교육청이 보였고 멀리로 하회마을을 휘감아 흐르는 낙동강 줄기와 시루봉(안산)과 화산 봉화산까지 한 눈에 들어왔다. 오른쪽으로는 아파트군락이 보인다.

신도시 주변으로는 검무산 산행코스를 비롯한 다양한 둘레길이 조성돼있다. 천년 숲에서 검무산으로 이어지는 제 1코스를 비롯, 풍천면 사무소를 거쳐 하회마을과 부용대까지 둘러볼 수 있는 제 3코스, 구담정사에서 '말 무덤'을 거쳐 선몽대, 호명면 사무소로 이어지는 4코스 등 무려 7개의 둘레길이 있다.

11
안동에도 있다.
신세동 벽화마을

지금은 기차가 다니지도 않는 폐쇄된 안동역. 그 안동역 건너편 영남산 아래 언덕배기에 자리잡은 고즈넉한 산동네. 신세동이다.

그곳에도 오래 전부터 사람들이 살고 있었다.

그래선가 쉰내 나는 삶의 냄새가 강하게 배어있는 낮은 지붕의 집들이 다닥다닥 붙어 있는 풍경이 정겹다.

아버지의 시대, 할아버지의 시대가 오롯이 남아있는 우리 시대의 박물관처럼 집들마다 보물을 가득 담고 있는 보물창고같은 마을이다.

이곳에는 조선시대부터 인가가 들어서기 시작했다. 새 절이 있었다고 하여 '새절골'로 불리다가 일제식민시대에는 신세정(新世町)이 되었고 해방후 신세동으로 일제잔재를 털어내는 시늉을 냈다.

마을 앞에 안동역이 생긴 것은 일제치하인 1931년 10월이었다. 고즈넉한 내륙 선비마을에 검은 화통을 달고 칙칙폭폭 거리는 기적소리를 내면서 검은 열차가 들어서면서 안동역 주변은 사람들이 몰려드는 상업중심지로 변했다. 안동역에서 한 마장 정도 떨어진 곳에 공설시장 신시장이 생겼고 안동역에서 신시장을 잇는 거리는 안동의 중심상업지가 됐다. 안동역 인근 평화동에는 200여 채의 철도관사가 생기면서 일본인들이 몰려사는 '1등 거주지'가 됐고 신시장을 중심으로 상업에 종사하는 조선인들은 신세동 등의 산비탈 마을에 주로 몰려살았다.

　지금은 산동네 달동네처럼 한적한 마을이 된 처지지만 이 마을은 안동의 역사를 지켜봤다. 마을 앞으로 '신작로'가 생기면서 사람들이 몰려들면서 신세동도 한 때 도심의 일부가 된 적도 있다.

해방후 안동사범학교가 들어섰다가 그 자리에는 안동시청으로 바뀌었고, 안동세무서와 경북도콘텐츠진흥원 등이 속속 들어섰다. 안동의 구도심은 안동을 가로지르는 낙동강의 남쪽인 정하동과 정상동에 법원과 검찰청 등 '신행정타운'을 조성하고 옥동신도시 개발에 나서면서 쇠락의 길을 걸었다.

벽화는 인류가 남긴 최고(最古)의 예술품이다. 구석기시대 최고의 벽화인 '알타미라' 동굴벽화는 그 시대 인간의 삶을 보여주는 중요한 문화유산이다. 동굴벽화와 암각화에서 시작된 인간의 벽화는 구석기시대부터 고구려와 신라의 고분벽화에 이어 지금에 이르기까지 다양한 모습으로 이어지고 있다. 사냥 등 수렵문화의 생활상을 보여주는 한편 풍요와 자연에 대한 숭배 등 종교적인 벽화는 물론이고 한 시대의 삶과 사랑을 온전하게 보여주기도 한다.

구도심 벽화가 새롭게 각광받기 시작한 것은 도심 산비탈에 위치한 오래된 동네를 되살리기 위한 '구도심 재생 공공프로젝트'의 하나로 벽화를 통해 퀘퀘한 곰팡내나던 마을에 사람들의 숨결을 불어넣으면서였다.

경남 통영의 '동피랑 마을'과 부산 감천문화마을과 문현동안동네 벽화마을 등이 대표적이다. 죽어가던 마을에 관광객들이 몰려들면서 활력을 되찾자 전국에서 벽화마을 조성이 공공프로젝트로 추진됐다.

동피랑마을과 감천마을 등의 벽화들이 관광객들을 유치하기 위한 프로젝트의 일환으로 작위적인 냄새를 지우지 못했다면 안동 신세동 벽화마을은 삶의 냄새 물씬 풍기는 자연스러운 벽화들이 두드러진다.

신세동 벽화마을 역시 2009년 공공프로젝트의 일환인 '마을미술프로젝트'로 조성됐다. 소외된 도심 마을에 활력을 불어넣고 공공미술을 통해 문화공간으로 재탄생하도록 한 것이다.

동부초등학교 옆길로 들어서면 '신세동 그림에 문화마을'이라고 적힌 노란 입간판과 함께 할매점빵이 보인다. 여기서부터 벽화마을이 시작된다. '할매점빵'에서는 기념품과 간단한 생필품 등을 판다. 이 마을에는 흔하디 흔한 '동네슈퍼마켓'이 없다. '슈퍼'대신 '점빵'이 있는 마을이다. 꽃보다 우리 할매라는 점빵 오른쪽으로 난 황토색 골목길을 따라가면 한옥스테이를 할 수 있는 '그림애'가 나온다. 좁은 골목길이 끝나는 지점에는 '아이고 아지매, 어디가니껴? 무슨 좋은 일이니껴?'라고 묻는 구수한 안동사투리를 만나게 된다. *벽화마을 구경하러 왔니더..'라고 대답해주자. 지붕위로 집집마다 이어져있는 전선들이 무질서하게 뒤엉켜있는 모습도 여기서는 묘하게 사랑스러워진다. 담장들은 어른정도면 폴짝 뛰어넘을 수 있을 정도로 낮아서 그저 집과 집 사이를 구분하는 경계선일 뿐이다.

하늘을 향해 소리쳐주고 싶은 단어였다. '사랑해 오늘도' 누구도 쉽게 하지 못하던, 입속에서만 웅얼대기만 하던 사랑이 아니었던가. 오늘 여기서는 마음껏 소리질러보자. 사랑해 오늘도! 그대와 가족 그리고 세상을..

그네를 타고 있는 소녀의 머리 위 지방위로 살찐 동네고양이 한 마리가 어슬렁거리며 나타났다. 녀석은 한 동안 나를 지긋이 바라보다가 제 갈 길을 갔다. 지붕사이를 훌쩍 뛰어서 말이다.

벽화 하나하나가 그림같은 풍경을 만들어낸다. 벽화마을 속 삶들이 궁금해질 때쯤 할아버지 할머니가 불쑥 그림 속에서 튀어나오곤 한다. 그 길 끝에서 동부초등학교 교사에 새겨진 할머니와 손녀손자의 모습이 눈에 들어온다. 2009년의 일상이었다. 그 왼쪽 교사에는 그 후 7년이 지나 부쩍 큰 소녀와 소년이 그려져 있다. 7년이 지난 후 할머니의 부재가 두드러져, 마음이 아팠다.

자동차 한 대가 겨우 지나갈 수 있는 비탈길이지만 마을 언덕길 중턱에는 공용주차장이 조성돼있어 혹시라도 자동차로 오는 사람들도 편하게 주차한 후에 마을을 둘러볼 수 있다.

전봇대에는 타고 오르는 나팔꽃이 선연하게 새겨져 있었고 그 옆에는 뒷다리를 번쩍 든 동네 검둥개가 진짜인 듯 눈에 들어왔다. 예전 '동네개'들은 검둥이와 흰둥이 혹은 메리와 쫑이라고 부르면 한 번씩 뒤돌아봤다. 자전거를 배경으로 한 중년의 아저씨의 얼굴이 평온하게 다가왔다. 혹시 이장님이 아니었을까 짐작해본다.

이 동네에 있었을 법한 점박이 포인터 개가 묶여있는 벽화도 있었고 스파이더맨이 처마에 매달려 익살스럽게 'kiss me'라고 하는 풍경도 눈에 들어왔다.

한참 벽화를 따라 오르다보면 전망대가 나온다. 전망대에 오르면 안동 시내가 한 눈에 들어온다. 높은 곳에 오르면 자연스럽게 발 아래 집안 풍경을 나도 모르게 훔쳐보게 된다. 저 건너집 할머니는 빨래를 널고 계시고 길 건너 정자아래에서는 봄바람 살랑살랑 불면서 마실나온 아지매 두서너 명이 앉아서 이웃집 아저씨 험담을 하는 모양이다. 삿대질까지 해댄다.

멀리서 볼 때는 때이른 소매없는 원피스를 입은 아가씨인줄 알았다. 전망대를 지키는 '하늘을 향해 망원경을 치켜 든 아가씨'였다.

볕좋은 골목길에 매어놓은 빨랫줄에는 갓 빨아서 널어놓은 듯한 파란 이불과 내복에 줄무늬가 들어간 양말까지 가지런하다. 식구 구성까지도 짐작할 수 있는 정겨운 풍경이다.

시멘트블럭 담장을 타고 넘으려는 개구리 세 마리는 무사히 넘어갈 수 있을까 궁금하고 옹벽에 다닥다닥 붙어서 벽을 타는 고양이군상들의 모습도 눈에 확 들어온다.

다시 내려오는 길에 만난 해바라기 벽화는 벌써 초여름인 듯 활짝 폈다. 난간에 앞다리를 짚고 고개를 쭉 빼고 올라선 '백구'는 마실 나간 할머니를 기다리는 모양이다.

봄이 온 모양이다. 벽화마을을 찾는 사람들이 드문드문 늘어나고 있다. 조금 있으면 따뜻한 봄볕아래 마을 어르신들이 옹기종기 모여 앉아 뒷산에서 캐내온 냉이를 다듬으며 서울로 간 큰 아들네 부산에 시집간 딸 소식을 자랑하는 모습도 볼 수 있겠다.

신세동의 봄은 그 어느 곳의 봄보다 더 반갑다.

안동에 빠지다,
안동홀릭

제 2 부

안동을 먹다,
안동에 취하다.

01 안동국시
02 안동의 맛, 고향묵집
03 안동갈비와 냉우동
04 태평성대를 기리는 태평초
05 간고등어이야기
06 그 술 안동소주
07 닭의 품격 – 안동찜닭
08 안동국밥은 옥야식당이지

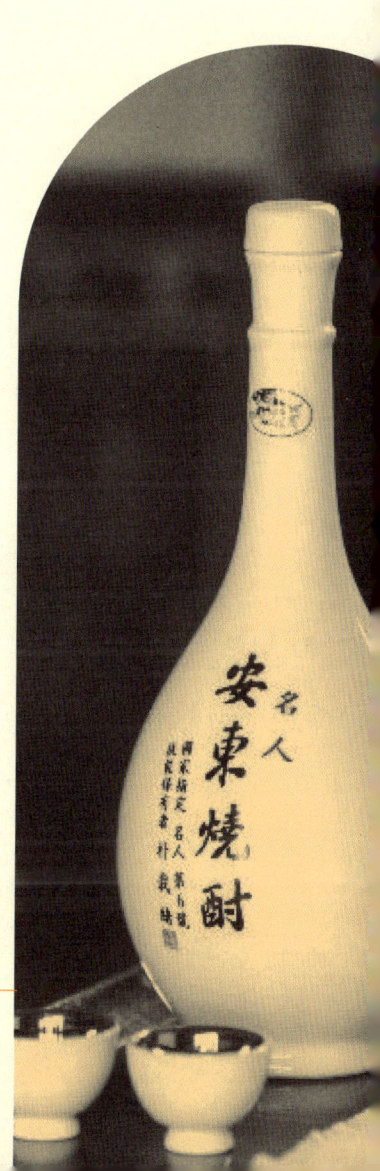

01
안동국시

혼하디 혼한 국수 한 그릇에 지역명을 표기하는 것은 혼치 않는 일이다. 면(麵)의 세계에서는 '평양냉면', '함흥냉면' 혹은 '구포국수' 정도가 귀에 들어올 정도로 '안동국시'는 우리에게 특별하게 다가온다.

서울에서는 아예 '안동국시'라는 상호를 내건 국시집들이 꽤나 성업 중이다. 마포와 강남, 종로, 강남에도 있고 아예 안동에 있는 정자이름을 딴 듯한 안동국시 프랜차이즈도 있다. 그러나 정작 안동에선 '안동국시' 간판을 내건 식당이 드물다.

국시 아니더라도 안동에는 맛있는 먹거리가 '천지 삐까리'로 널려있다. 안동한우, 안동갈비는 시내 어디서나 맛볼 수 있고 '안동찜닭'이나 '간고등어'는 안동사람들이 평소 쳐다보지도 않는다.

국수 한 그릇을 내놓더라도 안동에서는 정갈한 반찬 몇 가지와 조밥 한 그릇을 같이 내놓는다.

안동에선 국수는 '국시'가 된다. '국시'는 봉지에 담긴 밀가루가 아닌 '봉다리'에 든 '밀가리'로 만들어야 진정한 '국시'가 된다는 사투리 때문만은 아니다. 안동국시는 다른 국수가 흉내낼 수 없는 특징이 있기 때문이다.

흔히들 경상도 음식은 맛이 없다고들 한다. 전라도 음식과 비교해서 다양하지 못하다고도 한다. 화려하지는 못하지만 경상도 음식은 꾸미지 않는 것이 특징이다. 경상도 특히 경북 음식들은 촌스럽고 투박하다는 인상을 받는다.

안동음식은 투박하지만 절제된 맛을 느끼게 한다. 양반집 한 상이든, 양민의 개다리소반이든 간에 찬의 가짓수는 단출하고 간은 슴슴하다. 간혹 맵고 짜다는 지적을 받기도 한다.

안동국시는 그런 안동지방의 음식 문화를 대표한다. 화려하지도 고급스럽지도 비싸지도 않으면서 투박하고 단순하면서도 담백하고 기품있는 한 그릇의 국수. 그것이 안동국시다.

생각보다 안동에는 안동국시를 제대로 내놓는 식당이 많지 않다. 한 손가락에 꼽을 정도 밖에 되지 않는다. 물론 국수팔아서 돈이 되지 않는 세태 탓도 있지만 안동국시를 옛 맛 그대로 제대로 뽑아내려면 품이 많이 들기 때문인지도 모른다.

일단 안동국시와 칼국수와의 차이점은 콩가루를 쓰느냐 여부다. 밀가루로 반죽하는 국수에 콩가루를 넣으면 면발이 한결 부드럽고 고소해진다. 지나치게 많이 넣게 되면 콩가루 냄새가 나거나 면발이 쉽게 끊어진다. 적정량은 식당마다 다르지만 대개 30%~40%안팎이다. 대신 다른 첨가물은 일체 넣지 않는다. 서양 국수를 반죽할 때 쓰는 계란이나 다른 첨가물은 서울에 있는 국숫집에서 쓰기도 하는 모양이다. 그러면 면이 반질반질해지지만 안동국시다운 투박한 맛은 사라진다.

다른 지방과 달리 콩가루를 넣은 안동국시가 보편화된 것은 아무래도 안동이 예전부터 콩의 주산지였기 때문일 것이다. 논보다는 밭과 산지가 많은 안동의 특성상 콩은 지천에 널렸다. 집집마다 콩농사를 지어서 '콩부자'인 안동에서는 자연스럽게 비싼 밀가루에 콩가루를 넣는 방식의 국수제조법이 발달한 것이다. 어느 순간부터는 밀가루보다 콩가루가 더 비싼 시대로 역전됐다.

안동국시의 두 가지 버전 중에서 우리가 요즘 먹는 건, '누른 국시'다. '건진 국시'는 양반가 제사 때나 볼 수 있었지만 손이 너무 가서 요즘은 거의 구경하기 어렵다. 건진국시 육수는 밀가루가 귀했던 조선시대에는 말린 은어를 바탕으로 만들었다고 한다. 요즘은 은어 대신 닭육수와 양지육수를 섞고 말린 표고와 청양고추 등을 넣어서 맛을 배가시킨다.

식당에서는 주로 멸치를 기본 베이스로 무와 다시마, 청양고추 등으로 기본 육수를 낸다. 가정집에서는 맹물에 조선간장 넣은 기본 육수를 팔팔 끓이다가 홍두깨로 밀고 칼로 송송 썰어낸 면발을 푸성귀와 애호박 채썰어 다진 쇠고기를 얹으면 최고다.

서울에서 먹는 안동국시들은 양지육수나 소뼈 육수 등을 섞어 고기 맛을 내지만 정작 안동에서는 그런 방식의 육수는 쓰지 않는다.

국수 한 그릇을 내놓더라도 안동에서는 정갈한 반찬 몇 가지와 조밥 한 그릇을 같이 내놓는다. 그것이 안동국시의 법도다. 국시는 아무리 양을 많이 먹더라도 한나절이 지나면 배가 꺼지게 마련이다. 길 떠나는 나그네 심정을 헤아려, 국수에 조밥 한 그릇 더 주면 배가 든든해진다. 거기에 쌈 채소와 꽁치조림을 꼭 함께 내놓는다

사실 안동국시는 육수 자체가 담백하고 슴슴하기 때문에 정작 화룡점정의 국수 맛을 내는 것은 집집마다 내놓는 '간장'에 달려있다. 기성품으로 파는 간장이 아니라 집마다 다른 조선간장을 베이스로 거칠게 빻은 입자의 고춧가루, 파 등을 베이스로 만들어내는 숙성 '간장'이 그것이다.

밀가루가 귀했던 조선시대 국수는 양반집이 아니면 구경할 수도 없는 귀한 음식이었다. 지체높은 양반가들이 제사를 지낸 날, 안동국시 한 그릇 얻어먹으면 귀한 음식 먹었다고 자랑하곤 했다.

중국 누들로드의 시발점인 산시(山西)지방에서 국수문화가 꽃을 피운 것은 국수가 서민음식이었기 때문이다. 국수는 탄광에 들어가는 광부들이 빨리 먹을 수 있는 최적의 음식이었고 빨리 끓일 수 있는 화력의 석탄이 있었기에 국수문화가 산시에서 활짝 필 수 있었다.

우리나라에서도 국수가 각광받기 시작한 것은 6.25전쟁직후 구휼물자로 미국산 밀가루가 대량으로 들어오면서 국수공장이 우후

죽순으로 생긴 후부터였을 것이다. 공장에서 대량으로 뽑아낸 제면국수가 만들어 낸 '구포국수'와 '구룡포국수'는 단숨에 온 국민을 배고픔에서 구출해 낸 '구휼식품'으로 자리 잡았다.

    안동에서 맛보는 '안동국시' 맛집으로는 고향묵집과 옥동손국수, 무주무손국수, 골목안손국수, 병산손국수 등이 유명하다.
    그 국수들이 서민들의 희노애락을 달래주는 '힐링푸드'였다.
    '안동국시'는 그런 대량제면 시대를 거쳐 다시 직접 반죽을 하고 면발을 썰어내는 아날로그 감성을 자아내는 국수를 대표한다. 청와대에 칼국수를 노입한 한 전직 대통령이 사랑한 국수도 안동국시였다.

    어릴 때 엄마가 해주던 그 손맛을 기억하게 하는 그리운 '엄마표 국수'. 혹은 그 옛날 양반가에서 해먹던 국수를 안동국시는 되살려 내고 있다.

02
안동의 맛, 고향묵집

맛있다, 딱 맞다, 됐다, 괜찮다 등등.. 경상도식으로 음식의 맛을 표현하는 말은 간단하지만 오묘하다. 맛있다는 것인지 그만하면 대충 먹을만하다는 것인지, 아니면 맛이 없다는 뜻인지 종잡을 수 없을 때도 있다. 그러나 '그만하면 됐다'는 표현은 '아주 맛있다'는 의미로 받아들이면 된다.

안동에서는 '쓰다 달다 짜다 싱겁다, 혹은 간이 안맞다'는 식으로 음식에 대해서는 투정을 부리지 않는다는 기본법도가 무의식중에 존재한다. 나온 음식은 어머니의 손에서 나온 그것처럼 맛있게 받아들이면 그만이다. '달착지근하고 입에 착 달라붙는다'거나 '기가 막힌다'는 식의 시시껄렁한 과장된 수식이나 표현의 허세를 부릴 필요가 없다.

그러면 음식을 하는 손이나, 먹는 입이 서로 어색해진다.

슴슴한 '안동국시'의 맛이나 '간고등어' 구이와 찜의 담백함에 굳이

'자질부레한'(군더더기같은) 수식어가 붙을 계제가 아예 없다. 북어를 두드리고 다듬어서 보푸라기처럼 한올 한올 긁어내는, 정성 가득한 '북어보푸라기'에 지르는 탄성이라면 모를까.

외지인들이 안동에 와서 즐겨먹는 음식 중에 '헛제사밥'이란 것이 있다.

차례나 제사를 지내지 않고 제사 때 음복으로 먹던 음식을 흉내 낸, 즉 '가짜 제사밥'이다. 제사를 지낸 후 먹는 음식은 간을 하지 않아서 경상도식 표현을 빌자면 '밍밍하다.' 그래서 제사상에 올랐던 음식들을 챙겨서 탕국을 끓여 함께 먹는 것이 제삿밥인데, 제사음식이 푸짐하니까 옆집 보기 민망해서라도 헛 제사를 지내는 척하고 몰래 먹었다. 그래서 헛제사밥이라 불리지만 한 상 가득 오른 반찬들은 대갓집 주안상 부럽지 않는다. 안동소주나 막걸리 한 잔하기에 좋다.

그렇다고 이처럼 '슴슴하고 밍밍한 그야말로 담백한' 음식만을 안동의 맛이라고 특징짓거나 대표한다고 할 수는 없다.

'안동은 맛있다.'

안동시내에는 웬만한 도시와 마찬가지로 온갖 식당이 즐비하다. 한우를 즐기는 고기족을 위한 안동갈비골목이 있고, 당면을 넣어 조리한 독특한 '안동찜닭 골목'도 있고 곱창골목도 있다. '붉은' 물김치 비주얼의 '안동식혜'는 먹어보지 않고서는 감히 그 맛을 짐작하기조차 어렵다.

조선 선조 때 좌의정을 지낸 권철(1503~1578)이 어느 날 벼슬에서 물러나 경북 안동으로 내려와 지내는 도산으로 와서 퇴계 이황을 찾았다고 한다. 퇴계는 끼니때가 되자 손님상을 내오도록 했다.

세계 10위내의 부자나라가 된 요즘에는 안동 종갓집 '접빈'(接賓) 음식으로 정갈하면서도 품위있는 '7첩 반상'을 내놓을 것이다. 퇴계의 시대에는 그렇지 않았던 모양이다. 퇴계는 손님이 와도 평소 상을 내놓았다.

말이 손님상이지, 보리밥에 산나물과 가지무침과 미역 등의 반찬 세 가지가 전부였다.

퇴계는 기름진 고기반찬처럼 맛있게 먹었다. 반면 개다리소반에 따로 독상을 받은 권철은 한양 입맛에 맞지 않는 거친 시골밥상에 제대로 숟가락질을 하지 못했다.

퇴계는 정승의 밥상이라고 해서 다르지 않다는 것을 실천했다. '선비순례길'이 시작되는 선성현 객사에 퇴계의 그 밥상이 재현돼 있어 생각났다.

이처럼 내륙 깊숙한 안동의 밥상은 소박하다 못해 초라했을 것이다.

해산물과 젓갈류가 풍부한 전라도의 여염집 밥상에 비한다면, 퇴계의 밥상은 머슴의 밥상보다 나은 게 없었다.

안동 등 경북 북부에는 종갓집이 유달리 많다.
문화재로 지정된 종가만 120여 곳에 이른다.
종가집 마다 나름 문중음식이 전해 내려오고 '주조법'도 남달랐다. 반가(班家)마다 손님접대방식이 달랐고 제례법도 차이가 났다. 손님을 대접하는 '접빈'(接賓)과 조상을 모시는 제례(祭禮)에서 가장 중요한 것이 음식과 술이다.
이 지역에 전해내려 오는 대표적인 고(古)소리서는 '수운잡방'과 음식디미방, 온주법 그리고 시의전서다.
지금의 안동음식은 종가음식이 대중화된 측면이 강하다.
'간고등어'와 '문어'가 제수의 중심에 떡하니 자리 잡고 있는 것을 보면 그렇다.
고조리서 중에서 수운잡방은 안동 군자마을의 광산 김씨 예안파의 시조 김효로의 둘째 아들인 탁청정 김유와 그의 손자 김령이 공동저술한 한문본 음식조리서로 국내에서는 가장 오래된 조리서다.

'온주법'은 내앞마을 의성 김씨 낙봉파 김시우씨가 소장하고 있던, 1700년대 후기에 작성된 것으로 추정되는 작자 미상 한글조리서다.

이런 종가음식의 전통이 자연스럽게 대중화된 것이 지금의 안동음식이다.

그 식당, '고향묵집'

어느 도시에 가더라도 골목 안 깊숙이 숨어있는 보석같은 식당이 있게 마련이다.

봄비내리는 고즈넉한 봄날, 혹은 장마가 시작된 축축한 초여름, 아니 낙엽 떨어지는 스산한 가을날 오후, 그리고 첫눈을 기다리는 마음으로 '배추전'이나 '부추전' 한 장 부쳐놓고 막걸리 한 잔 기울이며 안동을 찾은 오래된 친구를 만나고 싶은 그런 고향집 툇마루 같은 식당 말이다.

안동 신시장에서 한 블록 너머는 안동우체국과 안동교육청이 자리한 오래된 구도심에 속한다. 우체국 건너 그 골목 살짝 들어간 동네가 '당북동'이다. 그 골목 들어서자마자 보이는 첫 번째 모퉁이에 '고향묵집'이 있다. 더 들어가면 돼지국밥과 안동국시, 순대국밥 식당도 있다.

1997년 '고향묵집'이라는 상호로 식당을 열 때는 안동세무서 앞에 있었다. 고향묵집은 그 때부터 '묵' 잘하는 식당으로 꽤 이름을 날렸다. '손맛' 좋은 사장이 매일 묵을 쑤어서 차린 식당이었다. 내 입맛에는 이 식당의 모든 음식이 안동의 맛을 대표하는 것처럼 느껴졌다. 여기선 안동국시와 메밀묵을 주 재료로 한 '태평초'도 인기메뉴다.

종편의 유명 먹방 프로그램였던 '수요미식회'에 이곳의 태평초가 소개될 정도로 이 식당의 명성은 전국적으로 자자하다. 북어찜과 오징어와 낙지 명란젓갈 등 입맛을 돋우는 철마다 다른 젓갈과 나물무침 등 어느 것 하나 정갈하지 않은 찬은 없다.

고향묵집의 시그니처는 안동이 자랑하는 적당히 삶아 탄력있는 문어숙회나 고기 수육이 아니다.

겨우내 잘 저장한 제주무를 얇게 저미듯 썰어 부쳐내는 '무전'이 가장 맛있을 때가 지금이다. 경상도식 배추전과 파전은 '장물'이 아니라 초장에 찍어 먹어야 제 맛이 난다는 것을 여기 와서야 확인할 수 있다.

장물은 헛제사밥에 넣어 비빈다면 심심한 안동국시에 간을 할 때는 장물이 아니라 간장에 파 송송, 고춧가루 한 숟갈 투하한 빨간 '장물'을 넣어야 제대로 국시맛이 난다는 것도 배운다.

고향묵집에서는 특별히 메뉴를 시키지 않더라도 사장님이 알아서 주는 대로 먹는 방식도 편하게 선택할 수 있다. 물론 그건 단골들에게 주는 특혜다.

봄비가 내리지 않더라도 오늘같이 봄볕 좋은 저녁 무렵.
퇴근 후 낙동강을 가로질러 구도심 언저리를 어슬렁거리다가 그 식당에 들어서면 간혹 지인 한 둘이 술잔을 기울이고 있을 정도로 안동 한량들에겐 아주 잘 알려진 곳이다.
물오른 '무'를 적당한 두께로 잘라 전을 부치면 무가 익으면서 내는 시원하면서도 달콤한 맛이 배가된다. 고향묵집에서 처음으로 '무전'을 만나는 날에는 어릴 적 어머니가 해주시던 그 무전 맛이 떠올랐다. 입맛은 혀끝으로 느끼는 것이 아니라, 가슴속 깊숙이 간직하고 있는 기억을 되살려낼 때 더 생생해진다. 아마도 경상도지방 이외에서도 군

것질거리로 무전을 해먹었을 텐데 그 기억이 생생한 건 우리가 나이가 들었기 때문이다. 구순이 가까워진 어머니는 고향집에 다니러 갈 때마다 어린 시절 맛있게 먹던 음식들을 기억해서 당신이 꼬부랑 할머니가 됐다는 사실을 잊어버리곤 부엌에 서곤 한다.

고향묵집에선 후식도 호사다. 마지막엔 늘 안동식혜를 먹는다. 시중에 파는 '비락식혜'는 안동에선 식혜가 아니라 '감주'다. 술이 아니지만 달콤한 맛에 '단술'이라고 불렀다.

안동식혜는 아무리 많이 먹어도 불룩 나온 뱃살을 줄여주는 그런, 엄마의 '약손'같은 후식이다.

저녁 든든히 먹고 가라며 슬쩍 내주는 '시레기무 비빔밥'도 고향묵집 별미 중 별미로 꼽힌다. 어쩌다 사장님이 내놓는 안동식 비빔국시라도 만나면 횡재한 날이다. '고향묵집'(054-855-3077)은 간혹 예약하지 않고 갔다가 자리가 없어 낭패 보기 십상이다.

안동여행을 계획한다면 2~3일 전에 미리 전화를 해서 예약하는 것이 좋다.

―

안동에는 고향묵집 외에도 유명한 먹방프로그램에 소개된 맛있는 식당들이 꽤나 많다. 그러나 진짜 안동의 맛은 종가음식보다는 그저 시장통 한 귀퉁이에 있는 낡고 오래된 식당에서 제대로 느낄 수 있다. 시내를 다니다보면 '간고등어구이'를 맛있게 하는 식당도 많고 안동갈비를 푸짐하게 먹을 수 있는 갈비골목도 있고, 헛제사밥이나 찜닭 혹은 안동 권씨 종가음식을 정성껏 내놓는 대갓집 같이 으리으리한 '예미정'도 있다. 오래된 짜장면을 먹을 수 있는 중화반점도 안동세무서 앞의 서울식당 등 여럿 눈에 띈다. 그런 식당들이 모두 안동을 안동답게 해주는 다양한 맛이다.

03
안동갈비와 냉우동

안동에선 무엇을 먹지? 늘 고민한다.

점심이야 닥치는 대로 이것저것 찾아서 먹으면 됐지만, 저녁으로는 '근사한' 음식다운 음식을 먹고 싶을 때가 종종 있다. 멀리서 귀한 손님들이 안동을 찾아오면 더 더욱 '안동다운' 음식을 먹이고 싶다.

안동에 사는 우리는 그저 별 생각 없이 먹는 안동음식이지만 어쩌다 안동을 찾아오는 외지인들에게는 '별미'처럼 특별하게 느껴지는 그런 음식들이 안동에는 꽤 있다.

맛있는 음식이란 음식은 모두 서울에 몰려있는 것처럼 느껴질 때도 있다. 전국 8도의 이름난 음식은 물론, 전 세계 음식들을 맛볼 수 있는 특색있는 식당들이 서울 시내 곳곳에 진을 치고있다.

그러나 대구의 '영혼'을 담은 '뭉티기'나 '막창'을 막상 서울에서는 제대로 맛볼 수 없다는 것이 식도락가들에게는 오히려 다행스러운 일이다. 광주 생고기를 대구 뭉티기로 오해하고 먹는 게 아니더라도, 연탄불에 구워낸 '고갈비'를 '안동 간고등어'로 여기고 먹어도 된다. 다만 오리지널 원조의 맛을 찾아 떠나는 여행은 여행자의 입을 더 궁금하게 할 것이다.

햇살이 좋은 날이든, 바람 불어 좋은 그런 날이든, 아니면 첫눈이 소복이 내려 일찍 집에 들어가기 싫은 날이면 나는 어김없이 안동우체국 건너 '고향묵집'에 가곤 한다. 구석 골방에 들어가서 파전에 막걸리 한 병 뚝딱 들이키면 바깥 세상은 내 알 바가 아니다. 그렇게 몇 잔 들이키다 보면 '묵집'의 기본 찬이기도 한 탱탱한 메밀묵 한 접시와 문어숙회, 수육 등이 차례차례 상에 올라오고 푸짐한 안주를 보면 안동소주의 독한 누룩향기도 맡아보고 싶어질 것이다. 그것이 나의 안동의 일상이다.

안동출신 시인의 시에서는 그런 주막집 풍경이 보인다.

안동소주(안상학)

나는 요즘 주막이 그립다.
첫머리재, 한티재, 솔티재, 혹은 보나루
그 어딘가에 있었던 주막이 그립다.
뒤란 구석진 곳에 소줏고리 엎어놓고

장작불로 짜낸 홧홧한 안동소주
미추룸한 호리병에 묵 한 사발
소반 받쳐 들고 나오는 주모가 그립다.
팔도 장돌뱅이와 어울려 투전판도 기웃거리다가
심샘해지면 동네 청상과 보리밭으로 들어가
기억도 없는 긴 이별을 나누고 싶다.
까무룩 안동소주에 취한 두어 시간 잠에서 깨어나
머리 한 번 흔들고 짚새기 고쳐 매고
길 떠나는 등짐장수를 따라나서고 싶다.
컹컹 짖어 개목다리 건너
말 몰았다. 마뜰 지나 한 되 두 되 선어대
어덕더덕 대푸벼리 해 돋았다. 불거리
들락날락 내 팡을 돌아 침 뱉었다 가래재…
등짐장수의 노래가 멎는 주막에 들러
안동소주 한 두루미에 한 사흘쯤 취해
돌아갈 길 까마득히 잊고 마는
나는 요즘 그런 주막이 그립다.

이런 식당은 곰삭은 안동의 향기를 느끼게 해주면서 마음내려놓을 수 있는, 그래서 아무에게도 알려주고 싶지 않은 나만의 비밀의 식당이다. 신시장 건너편 실내포차 '동털'이나 '호박터' 등이 그렇다.

안동갈비골목

　한우는 한국인에게 남다른 정서로 다가온다. 먹고사는 형편이 옛날보다 좋아진 요즘에는, 부위별로 숯불에 구워먹고 스테이크도 먹는 게 일반적이다.

　그러나 소는 농사의 근본이었고 한 집안의 대들보 이상가는 존재였다. 다큐영화 '워낭소리'를 보지 않았더라도 소는 평생 주인과 생사고락을 함께 하는 든든한 삶의 동반자였다. 주인은 소가 늙어 죽어도 죽은 소를 탐하지 않고 고이 묻어주지 않았던가. 소 한 마리만 있으면 농사는 든든했다. 때로는 달구지를 끌었고, 집안 대소사가 있더라도 소 한 마리가 다 치를 수 있었고 대학 공부까지 책임졌다.

　안동갈비골목은 어느 식당에 불쑥 들어가더라도 대동소이하게 괜찮다. 경상도에서 '괜찮다'는 것은 '맛있다'는 뜻으로 받아들이면 된다.

안동갈비골목은 옛 안동역(안동역은 2020년 12월 지금의 자리로 이전했다) 건너편 '안동갈비골'이라고 적혀있는 긴 굴뚝이 보이는 곳에서 시작된다.

'한우'는 오천년 우리 민족과 함께 하며 살아 온 민족문화의 상징자산이다. 소의 큰 눈망울을 지긋이 바라보면 우리 민족의 정서가 뭉클하게 통한다. 소를 키우는 농민들은 '한우는 우리 민족의 영혼'이라고까지 이야기한다. 이야기가 옆길로 샜지만 한우는 수입 쇠고기가 모방할 수 없는 독특하고 고유의 맛을 내서 우리 국민들의 절대적인 사랑을 받고 있다.

경상북도는 우리나라에서 한우를 가장 많이 사육하는 지방이다.
그 중에서도 안동은 경주, 상주와 더불어 경북의 3대 한우산지로 유명하다. 원래 한우는 추운 '한대성' 지방에서 잘 자라는 가축이라는 점을 감안하면 안동한우는 최적의 환경에서 자라는 셈이다.

의외로 안동에는 안동이라는 지리적 표시 인증을 받은 먹거리와 농·식품이 꽤 많다.
안동국시야 지리적 표시인증을 받고 말고 할 거리가 아니지만 안동한우와 안동찜닭, 안동간고등어, 안동소주는 누구나 알 정도로 워낙 유명하다. 안동포(삼베)와 안동콩, 안동생강, 안동산약(마), 안동사과도 지리적 표시인증을 받았다. 콩과 생강 산약은 안동이 국내 최대산지다.

　안동갈비골목에 갈비식당들이 하나둘씩 터전을 잡기 시작한 것은 이곳에 자리잡은 섬유공장이 옮겨간 1980년대다.
　우리가 한우를 먹는 방식이나 부위는 비교적 단순하다. 숯불에 구워 먹거나 찜과 수육으로 먹거나, 스테이크로 먹는다. 다만 등심과 안심은 기본, 갈비살과 살치살, 눈꽃살, 부채살, 치마살 등 구워먹는 한우 부위는 다양하다.

　갈비골목에서는 이런 다양한 한우 부위는 무시해도 좋다. 여기에선 수입산은 취급하지 않는다. 유명한 대구 동인동 찜갈비 골목에서 한우와 수입산을 구분, 가격을 달리하지만 안동갈비골목에서는 수입산이 아예 없다.

갈비 외의 다른 부위도 없다. 오로지 갈비다. 그리고 생갈비와 양념갈비 두 종류만 내놓는다. 생갈비라고 해서 숙성시키기만 한 것이 아니라 조선간장으로 가볍게 버무려 내놓는 방식이 독특하다. 양념갈비도 양념이 그리 강하지 않고 마늘을 넣어 버무린 정도의 가벼운 느낌의 마늘양념갈비가 인기다.

가격은 어느 식당이나 차이가 없다. (2020년) 전 국민 재난지원금 지급 이후 쇠고기 가격이 크게 오르는 바람에 갈비가격이 그 직후 1인분 (200g) 28,000원으로 3,000원씩 올랐고 최근 물가가 급등하면서 또 올랐다. 어느 식당을 찾더라도 안동갈비 맛은 대동소이하다. 식당마다 차이는 있지만 3인분 이상을 먹으면 살이 조금 붙어있는 갈빗대를 넣어 끓여주는 갈비찜과 된장찌개를 서비스로 준다.

가볍게 해장하러 갔다가 갈비 맛에 한 잔하는 주당도 꽤 자주 보는 풍경이다.

'수요미식회' 등의 TV프로그램이나 요리연구가 백종원의 발길도 잦다.

신선식당 냉우동

안동에서 갈비가 아닌 다른 방식의 해장을 하고 싶을 때 나는 안동 신시장에 있는 신선식당이나 장수우동에 가서 '냉우동'을 먹는다.

우동이야 서울이나 부산 같은 대도시에 유명한 우동집들이 워낙 많이 있어서 시골 우동집에 눈길이 가지 않을 수도 있다.

그냥 얼핏 봐서는 '앗 이게 냉우동인가?'라고 고개를 갸웃거릴 정도로 신선식당 냉우동은 비주얼이 특별하다.

시원한 멸치육수에 면을 넣고 그 위에 고명으로 노란 단무지채와 김가루 삶은 계란을 올린 것이 전부다. 면발이 일반 우동면보다 가늘다. 그래선지 면발이 주는 식감이 탱글탱글하고 함께 씹히는 단무지채의 시원한 맛이 어우러진 덕에 상큼한 맛이 배가된다. 단무지를 고명으로 쓴 비법이 여기에 있는 것 같다.

맛을 내는 다른 비법은 멸치육수를 낼 때 멸치를 통으로 끓여내는 데에 있다. 얼음까지 동동 띄운 차가운 육수 덕에 멸치 특유의 비릿한 냄새가 거의 나지 않는다. 단무지가 키포인트다. 해장하기 좋은 냉우동 식당이다. 메뉴판에는 비빔우동과 짜장면도 있으나 주로 냉우동을 먹는다. 가격은 5,000~6,000원.

1981년에 개업했으니 올해로 40년이 훨씬 지난 노포(老鋪)다. 옥동에 '장수우동'이라는 상호로 신선식당과 비슷한 형태의 '냉우동'을 내놓는 식당이 있다. 비교해보는 것도 나쁘지 않다.

04
태평성대를 기리는 태평초

'태평성대'(太平聖代)는 역사상 단 한번이라도 있었을까?

마치 현실세계에선 존재할 수 없는 '유토피아'처럼 만인이 편안하게 사는 태평성대의 시간은 과거에도 현재도, 미래에도 존재할 수 없는 백일몽이다.

자신의 치세(治世)에 태평성대의 제국을 건설하겠다는 꿈을 실현시킨 그런 황제나, 왕 혹은 대통령은 없었다.

전설과 신화 속에서만 존재할 수 있는 중국 하은주(夏殷周)시대의 태평성대를 기억해내서 그런 시대를 꿈꾸는 음식이 있다.

'태평초'다.

김치와 돼지고기 야채, 그리고 메밀묵을 넣어 끓이는 경상도 찌개를 안동 영주 등 경북 북부지방에서는 '태평초'라 부르며 즐긴다.

정확하게 언제부터 태평초를 먹기 시작했는지는 알 수 없다. 일설에는 조선시대 '영조'가 당파싸움에 이력이 난 노론과 소론 등의 영수들을 한데 모아 당쟁을 멈추고 화해시키기 위해 '탕평채'를 내놓은 이후, 백성들 사이에서는 태평성대를 기원하면서 먹기 시작한 '백성의 음식' 이라는 의미를 담아 〈태평초〉라는 이름을 붙였다고 전해진다.

다른 설로는 세종의 아들, 금성대군이 둘째 형 세조(수양대군)가 일으킨 계유정난을 통해 왕권을 잃고 폐위된 단종(조카)의 복위운동을 하다가 유배된 곳이 경상도 땅 순흥(지금의 영주)이었다. 단종 복위운동을 위해 함께 낙향한 유생 선비들이 금성대군과 함께 화전을 일구면서 '단종이 만드는 새로운 세상', 태평성대를 기원하면서 김치와 나물 그리고 산골에서 흔하게 쑤어 먹던 도토리, 메밀묵과 돼지고기를 함께 가마솥에 넣어 끓여내어 함께 먹던 음식에서 유래했다고 한다.

김치찌개에 산골에서 주식으로 먹던 도토리묵이나 메밀묵을 넣은 것뿐인데, '태평초'라는 성스러운 이름이 붙은 내력에 음식의 맛이 저절로 배가되고 성스러워졌다.

사병(私兵)을 기르면서 까지 왕위를 탈취하고 싶었던 수양대군에 비해, 같은 아버지인 세종의 아들로서 친형제인 '금성대군'은 아무래도 도드라지게 심지가 곧았던 모양이다. 대쪽처럼 올곧기도 하지만 세상사에 타협하지 않는 외골수같이 정의로운, 모범생 스타일이다.

제 2 부   안동을 먹다, 안동에 취하다.

세종 사후 왕권이 맏아들인 문종과 문종의 아들 단종으로 장자(長子) 상속되는 유교적 전통이 굳어지는 듯 했다. 실상은 두 왕(王)의 재위기간이 지나치게 짧았던 것과 삼촌 수양대군의 쿠데타에 의해 왕권이 쉽게 무너진 사실에 비춰보면, '신생' 조선의 왕권이 얼마나 취약했는지 짐작할 수 있다.

그때는 아직 조선선비 정신의 기둥이라고 할 수 있는 성리학적 윤리관이 통치기반으로 뿌리내리지 못한 시기였다. 그런데도 단종 복위운동에 나섰던 선비들이 조카에게 넘어간 왕위를 찬탈한 형, 수양대군의 패륜을 그냥 두고 볼 수 없었던 금성대군과 의기투합한 것은 '선비정신'의 발현이라고 볼 수 있겠다.

이런 연유로 탄생한 '태평초'라면 더할 나위없이 훌륭한 일품(一品)의 맛일 것이다.

당시 평생 농사일이라곤 구경도 해보지 못한 선비들이 순흥에 와서 화전을 일궜다는 전설은 아마도 소백산자락에서 화적 노릇하던 화전민의 영웅담일 수도 있다.

조선시대 양반들이 어떤 '양반'이던가.

소낙비를 맞아도 군자는 대로행이라며 남의 집 처마 신세지는 것을 극구 마다하고 장대비같은 비를 묵묵히 맞지 않던가.

그들이 목숨보다 소중하게 여겼던 것이 명분과 체면이다.

반상(班常)을 철저하게 가리던 양반들이 화전을 갈고 '반상'(班上)구분 없이 개다리소반 독상이 아닌 툇마루에 걸터앉아 함께 밥을 먹었을까 하는 의심은 든다.

그러나 어쨌든 '태평초'는 서민들의 음식이었고 남녀, 반상, 상하 분별하지 않고 둘러앉아 함께 나눠먹는 음식이었다.

한 때 태평초는 경상도 시골에선 '묵두루치기'로 불리기도 했다.
산골음식으로 겨울에 '묵'만큼 만만하면서도 쓸만한 먹거리가 없었다.

얼음동동 동치미에 뜨거운 물에 살짝 데친, 묵 한덩이를 술술 채썰어 무채를 넣고 간장을 쳐서 슥슥 비벼 먹는 맛은 그야말로 엄동설한 진미 중 으뜸이었다.

막걸리 한두 말 정도는 집집마다 숨겨두던 비장의 '농주'가 있었다. 그 때 태평초는 농주와 궁합이 맞는 최고의 안주였다.

　물론 조선시대에 서민들이 돼지고기를 제대로 먹었을 리가 없으니 태평초의 맛을 좌우하는 돼지고기는 조선시대에는 아마도 마을장정들이 종종 잡았을 멧돼지가 아니었을까 하는 생각도 해본다. 돼지고기의 신선도가 태평초의 국물 맛을 좌우한다. 기름기가 적당한 부위의 돼지고기를 자박자박 썰지 않고 듬성듬성 격식 없이 썰어 넣는 것이 태평초의 맛을 좌우하는 포인트다. 예전에는 정육점에서 파는 돼지고기가 아니었다. 집집마다 집안 경조사 등의 잔치를 벌일 때는 꼭 돼지를 잡았다. 그 때의 돼지고기 식감을 떠올려보면 태평초 돼지고기는 기계식으로 싹둑 썰어놓은 그것과는 식감이 전혀 다르다는 것을 상상할 수 있지 않을까.

　'임금의 요리'라는 탕평채는 사실 맛이 없다.
　다이어트가 대세인 요즘, 그만한 요리가 없겠다. 각종 채소 채 썰어 메밀묵이나 도토리묵보다는 엄청 비싼 '청포묵'을 넣어 버무린 샐러드일 뿐 아닌가.

여야정치인들을 불러놓고 탕평채를 내놓는 청와대의 식탁은 사실상 정쟁이 격화된 시대라는 것을 반증한다.

대통령은 취임 초 여야 대표들을 청와대로 초청해서 밥 한 그릇 먹이면서 탕평채를 내놓곤 한다. 그러면서 조선 영조가 각 당파의 수장들을 모아 탕평채를 내놓은 연유를 직접 설명한다. 소위 당파싸움, 정쟁은 그 때 이후 단 하루도 멈춘 적이 없었고 대통령이 직접 그 당파의 수장이 되거나 정쟁에 뛰어들기 일쑤다.

음식의 맥은 역사와 함께 해야 이어진다. 소백산자락을 끼고 있는 순흥이나 안동이나 문화적 전통을 함께 한다. 가을추수를 마친 후 툇마루에 앉아 보글보글 끓는 태평초를 먹으면서 느끼는 행복감을 서울 사람들이 이해할 수나 있을까.

안동에서 태평초를 현대적으로 잘 해석해서 솜씨 있게 끓여내는 식당은 단연코 고향묵집이다.

05
간고등어이야기

　공대를 나온 농부가수 '루시드 폴'이 부른 고등어 라는 노래를 들으면 푸른 바다를 가르며 시원하게 헤엄치는 고등어의 푸른 등이 눈앞에 보이는 듯 선하게 떠오른다. "서울의 꽃등심보다 맛도 없고 비린지는 몰라도 그래도 나는 안다네. 그동안 내가 지켜 온 수많은 가족들의 저녁 밥상.."이라는 가사를 듣는 순간, 어머니가 차려낸 온 가족의 밥상 한가운데 자리잡은 노릇노릇 잘 구워진 고등어 한 마리가 눈앞에 나타났다.

　제주 고등어는 가수 김창완이 부른 '어머니와 고등어'와는 다른 고등어였다. 고등어는 엄마가 해주시던 '따끈따끈' 집밥을 생각나게 했다.

"한밤중에 목이 말라 냉장고를 열어보니 한 귀퉁이에 고등어가 소금에 절여져 있네.
어머니 코고는 소리 조그맣게 들리네. 어머니는 고등어를 구워주려 하셨나보다.
소금에 절여 놓고 편안하게 주무시는구나. 나는 내일 아침에는 고등어구일 먹을 수 있네…"

루시드폴의 '고등어'와 김창완의 '고등어'는 조금 다르다.
김창완의 '어머니와 고등어'에 등장한 고등어는 소금에 절인 '간고등어'다. 예전에는 시장에서 고등어를 사서 소금에 절여 냉장고에 넣어뒀다가 조리를 했다.
그것이 '가정식' 간고등어였다.
간고등어를 만드는 방법은 간단하다. 고등어의 배를 갈라 내장을 다 빼낸 후 소금을 적당히 쳐서 염장을 하면 끝. 소금을 친 고등어를 안동에서는 '간잽이'라고 하고, 소금을 쳐서 간고등어를 만드는 기술자도 '간잽이'라고 부른다.

간고등어는 어디에서나 만들 수 있고 '안동간고등어'와 별반 다르지 않다.

우리는 신선한 고등어보다는 소금에 절인 '간'고등어에 익숙하다.

고등어는 성질이 급해서(?) 잡히는 즉시 죽는다. 바다생선이지만 부패가 빨리 진행돼서 생선회로 적합하지 않다. 다만 고등어가 주로 잡히는 제주도에서는 신선도를 유지할 수 있어서 고등어회를 먹을 수 있는 식당이 있다.

정약전의 '자산어보'에는 '고등어는 길이가 두 자 가량이며 몸이 둥글다. 비늘은 매우 잘고 등에는 푸른 무늬가 있다. 맛은 달고 시고 탁하다. 국을 끓이거나 젓을 담글 수는 있어도 회나 어포는 할 수 없다.'고 기술돼있다. 조선시대에도 고등어는 쉽게 잡혀서 백성들이 즐겨먹던 생선이었다.

가난한(?) 대학생 시절, 학교 앞 학사주점에서 학생들이 즐겨 먹던 안주 역시 '고갈비'라는 이름의 고등어였다. 기름이 좔좔 흐르는, 연탄불에 노릇노릇 구워진 고등어구이는 '고갈비'라는 이름으로 변신, 막걸리 몇 병은 거뜬하게 해치웠다.

안동은 바닷가에서 멀리 떨어진 내륙중의 내륙이다.

가장 가까운 동해의 영덕까지는 100km 정도로 고속도로가 없던 예전에는 사나흘이 걸렸다. 조선시대에 고등어 같은 동해바다에서 잡힌 생선은 달구지나 보부상의 등짐에 실려 내륙 깊숙한 안동까지 운반되곤 했다.

동해에서 잡힌 고등어는 주로 영덕 강구항에서 영덕 황장재나 청송 가랫재, 두 고갯길을 통해 안동까지 왔다. 고불고불한 산길이 무려 300여리에 이른다. 소달구지를 타거나 등짐을 지더라도 최소한 이틀 정도가 걸렸다. 고등어가 상하기 딱 좋은 시간이다.

그 때 서해에서 생산된 천일염은 서해에서 부산까지 실려와서 다시 낙동강을 거슬러 오르는 '소금배'로 안동 개목나루까지 올라왔다.

싱싱한 고등어는 하루가 지나면 상하기 시작한다. '염장'을 하지 않으면 고등어는 상해서 더 이상 먹을 수 없다. 안동에 넘어오기 전에 소금에 절여야 했다. 그것이 오늘날 안동간고등어 의 시초다.

수백 년 동안, 안동에서는 고등어는 '간고등어'만 있는 줄 알았다. '안동장'은 물론 인근 청송 진보장에도, 예천장과 의성장에서도 안동에서 염장한 간고등어가 어물전에서 팔렸다. 고등어는 무조건 '안동간고등어'다. 안동에 온 고등어가 '간고디'로 변신한 것이다.

짜지만 적당이 짠맛이 나서 짜지 않은 듯한 짠맛, '짭쪼름한' 안동간고등어의 특징이다.

요즘 안동에 들어오는 고등어는 대부분 부산 공동어시장 등에서 경락받은 제주산 고등어다. 노르웨이산 냉동 고등어에 비해 제주산 고등어는 때깔과 맛이 다르다. 노르웨이산이 심심한 데 반해, 국내산은 씨알이 굵은데다 고소하고 감칠맛이 강하다.

시장에서 늘 볼 수 있고 흔하디흔해서 말이 '국민생선'이었지 천덕꾸러기 신세처럼 여겨지던 간고등어의 변신은 IMF사태가 계기가 됐다. 시장상인들이 가내공업 수준으로 소규모로 염장을 해서 판매하던 간고등어를 위생적으로 공장에서 짜지 않게 염장을 하는 방식을 개발, 대량생산하는 한편, 브랜드를 도입한 것이다.

그때까지는 조선시대로부터 내려오던 굵은 왕소금으로 염장하던 방식에서 전혀 바뀌지 않았다. 굵은 소금으로 염장한 고등어는 시간이 갈수록 짠 맛이 강해졌다. 그래서 간이 강해서 짜지 않도록 소금물에 담궈 염장하는 저염식 얼간 염장방식으로 바꿨고 염장기술자인 '간잽이', 고 이동삼씨를 모델로 내세워 간고등어의 브랜드화를 시도했다. 결과는 대성공이었다. 위생적으로 잘 포장된 간고등어는 백화점과 홈쇼핑으로 진출했고 해외로도 수출됐다.

안동간고등어는 전국적 인지도를 얻었고 그 이후 간고등어 가공산업은 안동의 주요산업 중 하나로 자리잡았다.
브랜드화한 안동간고등어 가공공장은 10여 개에 이르렀고, 안동신시장에는 간고등어를 전문적으로 가공해서 파는 가게만 수십여 곳에 이른다.

안동사람의 간고등어 사랑은 타지방의 추종을 불허한다.
늘 냉장고에는 간고등어가 떨어지지 않을 정도로 한두 손 정도는 쟁여둔다. 김창완의 '어머니와 고등어'라는 노래처럼 냉장고에 다른 반찬은 없어도 간고등어는 떨어지지 않았다.

안동에서는 매년 가을 '안동간고등어축제'가 열린다. 동해안에서 소달구지에 실어 고등어를 운반하는 풍경과 고등어를 염장하는 모습 등을 재현하는 등 안동시내가 온통 고등어굽는 냄새로 뒤덮힌 장관을 연출한다. 그러나 안타깝게도 코로나사태는 이 모든 축제를 중단시켰지만 올 가을부터는 재개될 것이다.

설연휴를 앞두고 안동신시장에 나갔다. 차례를 지내기위해 집집마다 제수용품을 장만하려고 장을 보러나온 탓에 신시장 중앙거리는 인산인해였다. 그 중에서도 간고등어와 문어 및 상어돔배기 등을 파는 어물전이 가장 북적거렸다.

문어와 상어돔배기도 제수로 쓰지만 눈에 띄는 산적은 간고등어를 적당한 크기로 썰어 산적으로 만든 '간고등어산적'이었다. 집집마다 제사풍습이 달라 한마디로 규정할 수는 없지만 간고등어 한 마리를 구워서 차례상에 올리기도 하고 간고등어를 소고기와 돔배기처럼 꼬지(산적)로 만들어 상에 올리는 집도 꽤 있기 때문이었다.

안동의 명문가 중의 하나인 의성 김씨 '학봉종택'의 제수품목에도 고등어는 당당히 올라있었다.

간고등어는 다양하게 요리를 해서 먹는다. 적당히 간이 되어있기 때문에 따로 소금을 뿌리거나 간을 따로 하지 않아도 된다. 구워먹을 때는 이름난 고등어구이집에서 요리하듯이 숯불에 노릇노릇하게 구으면 가장 맛이 좋다. 학사주점에서처럼 연탄불에 구워도 좋다. 고등어 조림을 하거나 찜을 해서 먹기도 한다.

06

그 술 안동소주

주막도 주모도 사라진 시대
우리는 한 때
캘린더 속 여인과 어울려
소주를 마셨다.

안동소주를 아시나요?

안동에서 나오는 소주라고 다 안동소주가 아닌 진짜 '안동소주' 말이다.

한국인이 가장 즐겨 마시는 술은 단연 소주일 것이다. 우리는 소주를 즐겨 마신다. 통계에 따르면 우리나라 국민은 1인당 연간 약 80병 정도의 소주를 마신다. 술을 마시지 못하는 적잖은 사람들을 감안하면 소주마니아들은 실로 어마어마한 양의 소주를 마시고 있는 셈이다.

지금 우리가 즐기는 소주는 유감스럽게도 고유의(?) 전통소주가 아니다. 소주 주정에 물을 탄 후 감미료를 첨가한 '희석식' 소주다.

우리나라를 대표하는 술로 소주 대신 막걸리를 꼽는 것은 이런 이유에서 비롯된 것이다. 그렇다고 우리가 가장 많이 마시지는 않는 막걸리를 우리 대표 술이라고 하기에는 2% 부족한 듯 하다.

'희석식' 소주는 어찌하여 대한민국을 대표하는 술이 되었을까?

안동에 가면 술 선택의 폭이 넓어진다. 소주와 막걸리에 '안동소주'를 추가한다. 일제강점기에 만주까지 석권했던 소주가 '제비원표' 안동소주였다.

안동소주가 최근 부활했다. 한 두가지 밖에 없던 안동소주시장이었는데 10여 종류의 안동소주가 잇따라 출시된 것이다. 안동소주 전성시대가 열린 건 아닌데 안동소주의 영광을 재현하려는 꿈이 야무진 것일까. 안동에는 안동소주로 '대한민국 명인'타이틀을 부여받은 소주장인(匠人)이 둘이나 있다. 명인은 아니더라도 다양한 도수와 방식으로 만든 안동소주를 출시한 회사는 갈수록 늘어나고 있다.
가히 안동소주 춘추전국시대라고 할만하다.

지역마다 그 지역의 특성을 잘 살린 술이 있다. 안동에서는 오래 전부터 '소주'가 유명했다. 종가가 많은 이곳에서는 집안 대대로 내려오는 주조법에 따라 '가양주'를 만들어 마셨다. 전통방식의 가양주는 막걸리 예닐곱 병을 증류하면 소주 한 병이 정도 나올 정도로 귀한 술이었다. 그래서 밥먹고 살기 빠듯한 일반 여염집에서 가양주를 빚는 일이 쉽지 않았다. 연중 집안 제사가 끊이지 않고 오고가는 손님접대를 해야 하는 종가나 권문세가는 늘 소주를 빚었다. 가양주는 그 집안의 정신이자 혼과 다를 바 없다고 인식할 정도로 귀하게 여겼다. 안동 김씨, 안동 권씨, 의성 김씨, 진성 이씨 등 안동을 기반으로 대를 이어 온 수많은 반가(班家)에서 술을 빚었다.

안동사람이 생각하는 술은 '안동소주'였다.

안동소주는 차례나 손님상에는 물론, 45도에 이르는 강한 도수(度數)로 인해 다친 상처를 소독하고 치료하는 가정 상비약으로 쓰일 정도였다.

그러나 안동소주 대중화를 이끈 것은 일제강점기인 1920년 출시된 '제비원표' 안동소주였다. 조선총독부는 '주세령'(금주령)을 통해 일반 가정에서는 술을 빚지 못하도록 했다. 칼을 찬 순사들이 밀주(密酒)단속에 나섰다. 총독부는 허가받은 양조장에서만 술을 빚어서 판매할 수 있도록 하면서 주세를 챙겼다.

당시 안동 최고 부자였던 권태연이 안동소주 공장을 차렸다. 안동의 상징인 '제비원'을 상표로 한 안동소주는 불티나게 팔렸다. 병에는 안동사람에게 친근한 제비원 석불을 그려 넣었고 '안동특산'이라는 문구도 라벨에 넣었다. 안동소주가 워낙 유명해지면서 '소주'라고 하면 '안동소주'를 떠올릴 정도로 먹혀들었다. 이때 팔리던 제비원표 안동소주는 가양주 방식을 발전시킨 증류식 소주였다.

이 소주는 독립운동을 위해 떠난 안동사람들이 많은 만주로 불티나게 팔려나가면서 중국대륙에서도 이름을 떨쳤다. 일제시대에는 각 지방마다 독특한 소주가 난립했지만 이 제비원표 안동소주만큼 전국적인 명성을 획득한 소주는 없었다.

해방이후 소주는 새로운 운명에 처하게 된다.

정부는 주세령을 이어받아 가양주 단속을 이었다. 아예 쌀을 재료로 한 술은 빚지 못하도록 하는 금주령으로 인해 안동소주와 같은 증류식 소주의 맥이 끊길 지경이었다. 먹을 식량이 아예 없었던 '보릿고개' 였다. 그러자 증류식 소주를 제조하던 소주회사들은 타피오카와 당밀로 만든 주정을 수입. 희석한 후 감미료를 첨가하는 방식의 지금과 비슷한 방식의 희석식 소주를 시장에 내놓았다.

제비원표 안동소주도 45도짜리 안동소주를 제조할 수도 판매할 수도 없게 되자 25도짜리 '희석식 소주'로 생존을 모색했다. 안동 오일장에 다니던 아버지의 손에는 어김없이 제비원 소주 댓병 한 병이 들려 있었는데 그것이 새로운 안동소주였다.

정부는 이어 '1도 1소주' (1개 도에 1개 소주회사) 정책을 시행하면서 난립한 소주회사에 대한 강제 통폐합을 추진했다. 소규모 소주공장이 난립하면서 주세(酒稅)관리에 어려움이 일자 세원관리를 통해 세금을 많이 징수하기 위한 손쉬운 방법이었다. 이 조치로 인해 제비원표 안동소주는 대구의 〈금복주〉와 통폐합되면서 다시는 볼 수 없었다. 안동소주 명맥도 끊겼다.

안동소주가 부활하게 된 계기는 88올림픽이다. 세계적인 스포츠 행사를 치르게 된 정부는 우리 술을 외국인들에게 내놓아야 한다는 당위성을 절감하고 급하게 '전통주' 발굴에 나섰다. 희석식 소주와 막걸리를 한국의 술이라고 자랑하기에는 부족했기 때문이었다.

안동소주는 이강주, 문배주 등과 더불어 한국을 대표하는 3대 전통주로 추천을 받았다. 이 때 안동소주를 옛 방식대로 재현할 수 있었던 조옥화씨가 1987년 경상북도 무형문화재 제12호로 지정되면서 안동소주는 부활했다. 조옥화 안동소주는 소수고리를 걸어 중탕방식으로 내리는 전통방식을 고수하는 바람에 생산량이 적어 생산 초기에 품귀현상을 빚을 정도로 큰 인기를 끌었다.

안동소주 부활의 일등공신인 조옥화 선생은 2019년 작고하셨고, 조옥화 안동소주는 '명인' 자격을 이어받은 김연박 대표를 통해 이어지고 있다.

　민속주 안동소주는 전통적인 가양주 방식의 안동소주제조방식인 '밀누룩'을 사용해서 중탕으로 소주를 내리는 '상압식' 증류방식을 고수, 도수 45도짜리 소주만 생산하고 있다. 대단한 고집이 아닐 수 없다. 안동소주를 내리던 예전방식을 고수하는 것이 전통을 지키는 것이라는 김 대표의 소신이 묻어나는 경영철학이다.

　안동 수상동에 있는 민속주 안동소주 공장에는 '안동소주박물관'이 함께 있어 누구나 관람할 수 있다. 박물관내에는 안동소주 주조과정은 물론이고 엘리자베스 영국여왕 방한 당시 선보였던 안동의 전통 상차림도 당시 모습 그대로 전시돼있다. 안동소주를 시음하고 직접 구매할 수도 있다.

조옥화 명인의 민속주 안동소주는 누룩향이 강하다. 그 탓인지 강한 도수 탓인지 안동소주에 대한 호오(好惡)는 갈린다.

과거와 크게 달라진 요즘의 취향을 반영, 전통 안동소주의 변화를 모색하고 있는 안동소주 회사도 있다. 조옥화 민속주 안동소주와 더불어 안동소주를 복원시키는데 앞장선 명인 박재서의 '명인 안동소주'다. 기존 45도 도수는 물론, 35도, 22도, 19도 등 다양한 도수(度數)의 안동소주를 출시하면서 주당들의 선택 폭을 넓혔다.

안동 와룡의 큰 부잣집이었던 '반남 박씨' 집안 가양주는 근동에서는 꽤 이름이 알려진 소주였던 모양이다. 박재서 명인은 어릴 때 할머니와 어머니로부터 소주 내리는 법을 사사했다고 했다. 대대로 내려오던 '3단 사입' 방식의 소주 증류법에 일제시대 제비원 소주 공장에서 일한 바 있는 장동섭 명장의 안동소주 대량주조기법을 접목해서, 1992년부터 본격적인 안동소주 생산에 나섰다.

박재서 명인이 고집하는 3단사입방식은 누룩을 발효시켜 만들어진, 막걸리를 중탕 높은 도수의 소주를 증류하는 기본적인 '감압방식' 주소법에서 한 단계 보태진 주조법이라고 할 수 있다. 막걸리까지의 과정은 같다. 그러나 발효가 시작된 후 같은 재료를 6배 더 넣어 재발효시키고, 다시 2배의 재료를 더 넣어 발효과정을 지속시킨다. 이렇게 하면 '밑술'(막걸리)의 도수가 21도까지 올라가는데 이 밑술을 거르면 맑은 '청주'(清酒)다. 청주를 소주고리에 넣고 끓여서 (가압)증류를 하면 순도 높은 안동소주가 나온다.

명인 안동소주의 3단사입방식, 감압식 증류방식은 전통방식의 '상압식' 민속주 안동소주가 누룩향이 진하게 나는 것과 달리 보다 맑은 소주 맛을 내도록 하는 비법인 셈이다. 상압식이 밑술을 78도까지 가열해서 증류한다면, 감압식은 45도 내외에서 증류가 일어난다. 전통 밀 누룩향이 우리가 느끼기에 다소 강해서 쌀누룩을 70% 섞어 깔끔한 맛을 추구한 것이 특징이다.

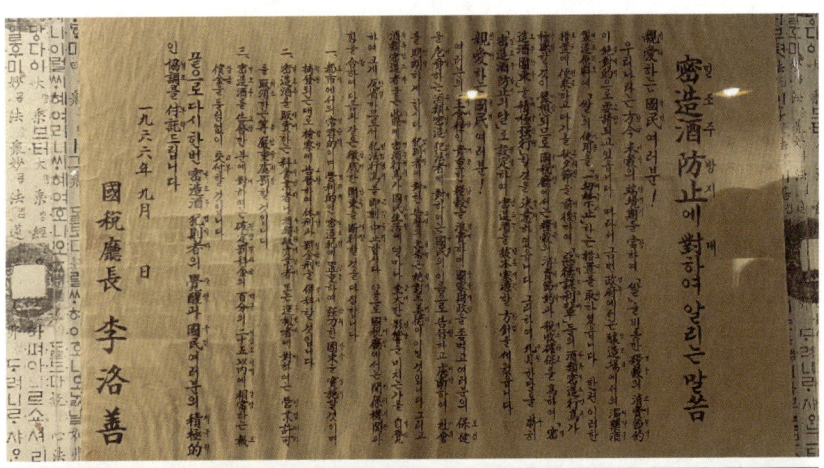

명인 안동소주는 수년 전 '안동소주 대란' 사태를 불러 온 적이 있다. 'DVD프라임'이라는 한 인터넷 사이트에서 한 회원이 '희석식 소주가 아닌 안동소주를 마셨는데 맛과 향이 살아있다'는 내용으로 안동소주를 추천하는 글을 올리자, 주문이 폭주, 품절사태를 빚었다. 온라인 주문으로 사지 못하자 일부 회원들은 직접 안동까지 방문해서 사재기하는 일도 벌어졌다고 한다.

안동소주는 명인 안동소주와 민속주 안동소주 두 곳 외에도 안동에서 가장 오래된 120년 양조장 '회곡 양조장'이 내놓은 '회곡 안동소주', 로얄 안동소주, 명품 안동소주, 맹개술도가의 '진맥소주', 버버리찰떡이 만든 '올소', 간재종택의 '종가 안동소주' 등 다양한 안동소주가 시중에 나와있다.

소주는 막걸리를 발효시켜 나온 증류주다. 안동소주는 수수와 고량 등으로 빚어내는 중국의 바이주(白酒)와 어깨를 나란히 한다. 우리 전통주들도 쌀 뿐 아니라 좁쌀과 수수 등의 잡곡으로도 술을 빚었다. 제주도에서는 이 차좁쌀로 빚은 오메기떡을 먹었고, 이 오메기떡에 누룩을 넣어 발효시키면 '오메기술'이다. 오메기술을 증류시키면 '고소리술'이다.

제주도의 고소리술을 꺼낸 건 안동과 제주, 개성이 예로부터 소주가 유명한 고장이라는 사실을 설명하기 위해서다.

아주 오래전부터 우리 조상들은 증류주를 마셨다. 그러나 증류주 제조법이 본격적으로 보급되기 시작한 것은 몽골의 고려침략과 점령에서 비롯됐다는 설이 설득력이 있다. 몽골이 고려를 점령해서 일본 침

공의 병참기지로 삼아 안동과 제주 등에 군대를 주둔시키면서 몽골식 소주증류법이 이 지역을 중심으로 전해진 것이다.

최초의 한글 음식조리서 '음식디미방'에 소주주조법도 기재돼있는 것을 보면 소주는 안동 종가에서 주조해 마시던 가양주였다는 사실을 부인할 수 없다.

제비원표 안동소주의 기원, 제비원을 가다.

'제비원 소주', '제비원 참기름', '제비원 삼겹살' 등 안동에서는 제비원이라는 상호를 쓰는 가게들이 많이 눈에 띈다.

제비원은 안동에서 친근한 곳이다. 예전 '제비원 안동소주' 병에 미륵불을 그려넣었듯이 제비원하면 큰 바위에 오롯이 조각된 '마애불'이 떠오른다.

지금은 한적하고 외진 뒷길이지만, 제비원은 경상도에서 충청도나 경기도, 혹은 한양(서울)에 가기위해서는 반드시 거쳐야 하는 길목이었다. 제비원의 '원'(院)은 조선시대 공무로 출장을 가는 관원들이 숙식을 하고 말을 빌리는 객사였다. 안동에만 해도 원이 19개 있었다. 이태원, 조치원, 사리원 등도 다 사통팔달 길목에 자리잡은 '원'이 있어서 붙은 지명이다.

제비원에는 몇 가지의 전설이 전해진다. 제비원이라는 지명과 미륵불과 관련한 것인데 제비원은 민요 '성주풀이'의 본향이기도 하다.

제비원에는 일찌기 부모를 여읜 '연이'라는 소녀가 객사에서 심부름을 했다. 연이는 얼굴 뿐 아니라 마음씨까지 고와서 이웃 총각들의 연모의 대상이었다. 이웃마을 부잣집의 김씨 총각도 연이를 사모했다. 그러다 갑자기 비명횡사해서 저승에 가자 염라대왕은 총각이 살아생전 악행을 많이 쌓았으므로 다음 생에는 소로 태어날 것이지만, 이웃집 연이에게 선행의 창고가 가득 쌓여 있어 연이에게 인정을 베풀도록 하라고 충고했다. 김씨 총각은 염라대왕의 말을 따라 연이의 선행을 빌어 이승으로 돌아왔다. 이에 김씨 총각이 전 재산을 기부하자, 연이는 그 재물로 큰 법당을 지었다고 한다.

법당을 지은 목수가 마지막 기와를 얹고 나서 제비가 되어 날아갔다는 전설도 전해진다. 그래서 제비가 날아간 '연비사'(燕飛寺)가 됐다가 연미사가 됐고 '원'의 이름도 제비원으로 바뀌었다.

연이 소녀는 38세에 죽었는데 그녀가 죽은 후 바위가 갈라지면서 큰 돌부처가 생겨났다. 이 돌부처는 연이의 혼이 미륵불로 환생한 것으로 믿었다.

우리가 제비원에서 보는 이 미륵불은 부처님의 전신을 새겨진 입상 위에 부처님의 머리인 '불두'(佛頭)를 따로 제작해서 붙여놓은 형태다.

이 불두는 임진왜란 때 원군을 이끌고 조선에 온 명나라 장수 이여송이 불상의 목을 쳐서 자른 것을 다시 붙여놓았다는 황당한 전설도 전해진다.

석공형제의 경쟁을 소재로 한 다른 전설도 있다.

옛날 어떤 형제가 석공 공부를 열심히 했다. 형제는 어느 날 돌을 다듬는 실력을 겨루기로 했다. 미륵불을 누가 잘 다듬느냐를 경쟁하기로 했다. 기한이 되는 날까지 동생은 부지런히 돌을 갈고 다듬었고 형은 빈둥빈둥 놀았다. 그러나 시간이 부족해서 동생은 미륵불의 전신은 완성했지만 불두는 완성하지 못했다. 그 사이 형은 미륵불의 불두만 만들었다. 형이 불두(佛頭)를 올려 미륵불을 완성했다는 것이다.

07
닭의 품격 - 안동찜닭

음식은 기억을 되살려주는 '마법'이다. 낯선 외국에 가더라도 낯익은 음식을 만나면 전생에 이 곳과 깊은 인연을 맺은 듯한 기시감을 주는 것이 음식의 매력이다.

'안동찜닭'도 그렇게 유년시절의 아련한 기억을 떠올려준다.

우리나라 사람만큼 닭요리를 사랑하는 국민이 있을까 싶다. 자영업 선호도 1위가 치킨집이다. 자고나면 치킨집이 하나 더 생긴다. 요즘이야 코로나시대라 경기를 많이 타지만 비대면 배달음식 1위 역시 치킨이다.

'안동찜닭' 역시 치킨집의 일반적인 역사와 함께 한다.

뭘먹어도 배고팠던 시절이었다. 1970년에서 80년대로 넘어오는 시대는 그랬다. 지금보다는 먹거리가 풍족하지 않았다. '1인1닭' 이라는 신조어는 사치였다. 주머니가 얇았던 그 때, 닭 한 마리로 온가족이 배불리 먹을 수 있는 방법이 없을까? 안동찜닭은 닭 한 마리로 여러 사람을 배불리 먹게 하는 방법을 고민하다가 나온 해법이었다.

안동찜닭골목에서 터줏대감 노릇을 하고 있는 '안동원조통닭' 임명자사장은 "당시에는 대학생과 방위병 등 젊은 사람들이 우루루 몰려와서 찜닭 한 마리 시켜놓고 배불리 먹곤 했다"며 "그 때는 닭을 통째로 튀겨먹는 통닭과 찜닭이 '주메뉴'였는데 여럿이 오면 찜닭을 시켜야 충분히 먹을 수 있었다."고 말했다.

요즘같이 각 부위별로 절단해서 튀기는 조각 치킨보다는 닭을 통째로 튀겨내는 '(옛날)통닭'이 대세인 시대였다.

　그냥 튀김옷을 입혀서 튀겨내면 여럿이 먹기에 부족하지만 여기에 감자와 각종 채소를 넣고 조리고 마지막에는 불린 당면을 넣으면 푸짐해진다. 보통 접시에 담기에는 양이 많아서 옛날에는 아예 '오봉'이라고 불리는 큰 쟁반에 수북이 담아서 내놓았다.

　이 찜닭은 퇴근한 직장인들에게 저녁 겸 푸짐한 안주거리가 됐고 주머니가 얇은 학생들과 군인들에게도 최고의 먹거리였다.

　요즘도 성지순례하듯이 안동 찜닭골목을 찾아나서는 사람들이 많다. 대충 30여 곳에 이르는 찜닭골목에 자리잡은 식당들은 하나같이 각종 방송프로그램에 출연한 이력을 자랑스럽게(?) 내놓고 치킨을 사랑하는 '치느님'의 시선을 끈다.

　안동에 가면 꼭 맛봐야 할 음식 중의 하나가 안동찜닭이다.

　'찜닭'이라는 음식이 조리법을 설명하는 것은 아니다. 서울의 갈비찜을 대구에서는 '찜갈비'라고 부르듯이 찜닭도 서울에서는 '닭찜'이라고 부르는 게 맞을 지도 모른다. 그러나 안동찜닭은 닭을 찌는 요리가 아니다. 닭을 찌거나 삶는 요리는 닭백숙이나 삼계탕이다.

'안동찜닭'은 닭볶음탕(닭도리탕)의 안동식 변형이다. 고춧가루를 넣어 매콤하게 하는 대신 붉은 고추를 어슷어슷 썰어 청양고추 특유의 '칼칼한 맛'을 유지하되, 간장소스로 조리를 해서 시원하면서도 단 맛을 내게 한 것이 안동찜닭의 특징이다. 여기에 굵은 당면을 넣거나 사각당면을 넣어 여럿이 먹어도 푸짐하게 했다. 특히 간장 소스에 졸여 담백한 닭고기와 어울어진 당면의 맛이 일품이다.

'구시장' 찜닭골목에 자리잡은 식당들의 찜닭 맛은 기본은 비슷하지만 입맛에 맞추는 바람에 조금씩 차이는 있으나 대동소이하다.

안동사람의 향수를 자극하는 음식이 바로 이 안동찜닭이었다. 예전에는 이 구시장 일대가 안동에서 가장 번화한 '시내'라 부르는 원도심이었다. 안동역이 지척 간에 있고 지금은 대형마트(홈플러스)가 들어선 자리에는 시외버스터미널이 자리잡고 있어서 안동을 오가는 사람들이 가장 북적이는 곳이었다. 구시장 대로 건너편에는 중앙신시장이 있다. 그 사잇길에는 안동포(삼베)를 전문적으로 파는 가게들이 옹기종기 모여 있는 그야말로 안동을 대표하는 상권이었다.

안동 '구시장' 찜닭골목에 자리잡은 식당들의 찜닭 맛은 기본은 비슷하지만 입맛에 맞추는 바람에 조금씩 차이는 있으나 대동소이하다.

가끔 시내를 나가면 아주 오래전 시외버스터미널에서 내려 시내까지 걸어가서 안동극장에서 영화 한 편을 보고, 저녁에는 친구들을 만나 찜닭을 시켜 먹었던 옛 기억이 소환되곤 한다.

그리곤 어슬렁어슬렁 잘 정돈된 구도심 중심가를 걷다가 전국 3대 빵집의 하나로 이름난 '맘모스제과'에 들러 갓 구워낸 빵 냄새를 맡는다.

안동찜닭이 지금처럼 온 국민의 사랑을 받게 된 것은 2000년대 초반 '봉추찜닭'이라는 브랜드의 프랜차이즈가 서울에서 대박을 치면서 부터였다. 배달된 찜닭도 좋지만 찜닭골목에 가서 번호표를 받고 한꺼번에 네다섯 개의 화로 위에서 동시에 조리되는 찜닭이 조리되면서 풍기는 간장향을 맡는 것은 안동을 걷다가 얻을 수 있는 득템 중의 하나다.

내 기억속 '안동찜닭'은 토실토실한 닭을 직접 고르면 닭집 사장님이 즉석에서 목을 쳐서 닭을 잡아 조리하곤 했다. 집에서도 닭을 잡는 모습을 많이 봤기 때문에 그다지 잔인하다는 생각이 들지 않았다. 아마도 그 때는 식당에서조차 냉장고 보급이 제대로 되지 않아 신선한 닭으로 조리를 해야 했기 때문이었을 것이다.

찜닭골목에 들어서면 반드시 찜닭을 먹어야 한다는 일종의 '의무감' 같은 것이 생긴다. 코로나사태는 대구 치맥 페스티벌보다는 못하지만 흥청망청하던 '안동찜닭축제'도 열지 못하게 했다.

08
안동국밥은 옥야식당이지

국밥의 계절이다.

국밥이야 사계절 온 국민의 사랑을 받는 음식이지만 유독 찬바람이 옆구리를 쑤시기 시작하는 찬바람 불어오는 한겨울이면 따뜻한 국밥 한 그릇이 더욱 그리워진다.

밥과 국이 한데 어우러진 '국밥'은 우리 음식문화의 기본중의 기본이다.

된장국이나 해장으로 자주 먹는 돼지국밥이나 우거지해장국, 설렁탕이나 곰탕 어느 것 하나 보석같은 국밥이지만 국밥의 지존은 누가 뭐래도 장터국밥이다.

　　대형마트세상이 펼쳐지기 전만 해도 전국 어디서나 닷새마다 '5일
장'이 섰다. 장이 서면 동이 트기도 전에 장터 한 귀퉁이 자리 잡고 큼
지막한 가마솥이나 양은솥 걸어 장작불이나 가스불 켜서 한나절 끓여
내던 국밥 한 그릇. 꼭두새벽부터 꽃단장하고 장보러 나온 '장꾼'과 '장
사꾼'들의 허기를 달래준 장터국밥.

　　장터국밥은 순대와 선지 혹은 돼지국밥이거나 우거지와 대파, 무를
듬뿍 넣어 얼얼하게 끓여내는 쇠고기국밥으로 나뉜다. 사골과 소 잡뼈
를 기본 베이스로 우려내는 '곰탕'이나 설렁탕은 어쩌면 국밥계의 귀
족이라고 할 수 있다.

　　돼지국밥은 밀양과 부산을 최고로 친다. 우리 앞세대가 겪은 6.25
전쟁통에 피란길에 올라 생존을 위해 부대끼며 살아야 했던 부산 부전
역 인근에 자리 잡은 이름난 돼지국밥집들은 그런 아픈 역사를 떠올리

게 하는 눈물 젖게 한다.

부산돼지국밥이 얼마나 맛있으면 '힙합' 가요로도 만들어졌을까. 노래만 듣고 있어도 부산에 가서 돼지국밥을 먹고 싶다는 유혹을 당해서 입에 침이 고인다.

가사를 들어보면 돼지국밥을 먹으러 부산에 같이 가자며 '아는 오빠'가 '아는 여동생'에게 유혹하는 내용이다.

"나 오늘밤 고백할게... 너와 함께 돼지국밥을 먹고 싶다. 부산으로 떠나자.
손만 잡고 잘 꺼다. 딴 생각은 말아라.
Órale Senorita, 막 잔으로 Margarita.
마시고 떠나자. 나와 단 둘이서, 조금 이따...
부를까, 대리기사...? 마지막 기차...? 뭐로 가든 가자. 가스나와 텅기나...?
어머! 이 오빠, 왜 이렇게 질척거려...? 어서 마시던 김치국은 뱉어버려!
떡 줄 사람은 생각도 안 하는데, 뭔데...? 왜, 지 혼자 부풀어 있는 건데...?
니도 접때 돼지국밥 묵으러 가고 싶다메...?
맞다, 니 친구 집도 부산 광안리라메...?
이거 뭐, 그냥 살아있네! (살아있네)

지금 퍼뜩 가믄 되는데 또 뭐가 걱정인데…? (follow me)
국밥 먹고 싶댔지 누가 부산까지 간댔어…? (아 쫌!) 혼자 신이 났네, 신이 났어.
사람이 왜 이렇게 빡세…? 커피 마시러 콜롬비아라도 갈 기세…"
(가요 돼지국밥 중)

　돼지국밥과 선지국밥 혹은 순대국밥은 가장 대중적인 국밥이다. 전주콩나물국밥도 국밥계에서는 일가를 이뤘다. '삼백집'과 '현대옥'이라는 두 전주콩나물국밥 종가는 식은 밥을 넣어서 토렴해서 내는 (전주)남부시장식인가 여부에 따라 선호도가 달라진다.

　안동신시장 옥야식당 국밥은 장터국밥의 맥을 잇는다. 쇠고기국밥에 선지를 넣었다. 그래서 육개장처럼 얼큰하지 않고 시원한 맛을 낸다.

　장터국밥은 경상도가 단연 원조다. 장터국밥 중에서 안동을 중심으로 한 경북지역에서는 육개장 베이스가 주류였다. 지금도 안동이나 경주, 상주, 영천, 의성 등은 한우가 유명하지만 예전부터 이곳에서는 우(牛)시장을 중심으로 장터국밥이 발달했다. 그러니 당연히 장터국밥은 양지와 사태를 푹 삶아내고 소뼈를 우려낸 국물에 대파와 우거지를 넣어 끓여내는 육개장 국밥이나 한우선지를 넣은 선지국밥이 많았다. 좋은 소를 사려는 '소장수'들이 전국에서 몰려들었고 우시장 한켠의 식당에서는 온 종일 국밥을 끓이느라 분주했다.

요즘은 대구에 다양한 먹거리들이 많지만 예전에 대구의 대표음식으로 '따로국밥'이 꼽혔다. 흔히 먹는 장터국밥이 식은 밥을 넣고 토렴해서 내는 식이었다면 국과 밥을 따로 주는 따로국밥은 조금 색다르고 고급스럽다는 의미였을 게다. 그래서 외지사람들은 국밥 한 그릇에 공기밥이 무슨 대표음식이냐고 대구음식문화를 깔보곤 했다. 그래도 대구 따로국밥은 국밥계에서는 꽤 알아준다. 이 따로국밥이 경상도식 장터국밥의 원형이다. 쇠고기국밥을 베이스로 해서 한우선지를 넣어 한 그릇 푸짐하게 먹을 수 있는 그런 장터국밥에서 온 것이다.

옥야식당

안동은 '안동갈비'라는 먹거리를 자랑하듯이 '안동한우' 하나라도 이름난 고장이다.

서울에선 안동국시 하나로 음식기업 일가를 이룬 한 국숫집에서 '안동국밥'이라는 이름으로 내놓는 쇠고기국밥이 있다. 안동에서는 그건 그냥 쇠고기국밥이라고 부른다.

안동국밥의 자존심은 국밥 한 그릇으로 50년이 넘은 '옥야식당'이 지키고 있다. 옥야식당은 안동에서 가장 큰 중앙 신시장 골목에 있다. 구시장이 안동찜닭 골목으로 유명다면, 신시장에서는 단연 이 국밥집이 돋보인다. 안동 5일장도 이 신시장을 중심으로 2, 7일 마다 열린다. 장날마다 식당에는 인근의 와룡, 예안, 도산, 남후, 북후 등지에서 장보러 나오신 어르신들이 북적거린다. 장터국밥 한 그릇 먹고 버스를 타고 가는 것이 '장꾼'들의 화룡점정 일정이다.

옥야식당은 장꾼들의 애환이 서린 장터국밥의 맥을 잇는다.

식당은 신시장에서 문어를 삶아내고, 돼지국밥을 팔고 보신탕도 끓여내는 그 골목 중간 즈음에 있다. 식당 입구에서 대파를 다듬는 풍경을 만나면 그곳이다. 두 서너 개의 큼지막한 양은솥에서는 하루 종일 국밥을 끓여내고 손님이 올 때마다 허연 김이 무럭무럭 솟아난다.

식당으로 들어서면 작은 탁자에 앉아서 삶아낸 양지를 찢고, 사태를 편육처럼 얇게 써는 '시영할매'를 만나게 된다. 안타깝게도 코로나19 사태가 터지자 연로하신 '할매'는 가게에 나오지 않는다.

옥야식당 국밥은 육개장에 선지를 넣은 '선지육개장'이다. 대구 따로국밥과 비슷한 정통 장터국밥이다. 그러나 국밥 한 그릇에 들어간 쇠고기가 생각보다 푸짐하다. 요즘 시장인심이 그렇게 후하지 않더라도 여기선 옛날 장터인심을 느낀다.

국밥은 뚝배기 바닥에 사태와 양지를 깔고 잘 익은 대파 등 건더기를 넣은 후 선지까지 올리고 두세 번 토렴해서 내놓는다. 그래선가 돼지국밥처럼 펄펄 끓는 정도가 아니라 뜨뜻 미지근한 편이다. 반찬은 단촐하다. 겉절이 배추김치와 깍두기 그리고 절인 고추가 전부다. 국밥 한 그릇에 이 이상의 반찬이 더 필요하지는 않다. 다진 마늘과 고춧가루를 따로 내준다. 다진 마늘 적당히 넣고 휘휘 저어 알싸한 마늘 맛을 첨가하면 제대로 된 옥야식당 선지쇠고기국밥의 맛은 완성된다.

옥야식당에서는 절대로 술을 팔지도 않고 마실 수도 없다. 수십 년 간 지켜 온 이 식당만의 철학이다. 술을 가지고 와서 마셔도 안된다. 그래서 간혹 음주를 둘러싼 실랑이가 벌어지는 재미있는 풍경을 보기도 한다.

물론 맛을 느끼는 데는 개인차가 있다. 해장국으로 치면 경기도의 김포해장국도 손가락 안에 꼽을 수 있다.

안동에는 육개장식 쇠고기국밥 식당이나 돼지국밥, 혹은 설렁탕을 잘하는 식당들도 꽤 있다. 그러나 전통을 지키면서 오랫동안 한 자리를 지키며 변치 않는 맛을 제공하는 오래된 식당은 많지 않다. 안동세무서 옆에 있는 옛마을 식당 설렁탕도 '가성비'로는 손에 꼽을 수 있는 착한 국밥이다.

안동에 빠지다,
안동홀릭

제 3 부

퇴계의 향기

01 퇴계의 향기, 도산서원
02 퇴계를 만든 춘천 박씨
03 국학진흥원 기록유산 유교책판
04 임청각과 정신문화의 수도
05 아 권정생
06 이육사문학관
07 원이엄마와 월영교
08 하회마을
09 체화정
10 소호헌

01
퇴계의 향기, 도산서원

수구초심(首丘初心)이라고 했다. '여우가 죽을 때 구릉(丘陵)을 향(向)해 머리를 두고 초심으로 돌아간다.'는 뜻으로 죽어서라도 고향에 묻히고 싶어 한다는 의미로 많이 쓴다.

퇴계 이황은 끊임없이 조정에 불려나가 진퇴를 거듭한 끝에 마침내 69세가 되던 1569년 고향에 돌아와서 도산서당에 머물면서 후학을 양성하면서 마지막 여생을 보냈다.

'퇴계(退溪)'라는 호가 '나의 고향 시냇가로 물러나겠다.'는 의미라는 것을 뒤늦게 알게 된 후 퇴계가 더 존경스러워졌다. 퇴계가 안동에서 기거하던 곳이 바로 계상서당(溪上書堂)이었으니 '물러나 계상서당으로 돌아간다.'는 퇴계라는 호의 의미가 딱 들어맞았다.

　퇴계는 낙향을 만류하던 선조 임금의 허락을 받아 마지막 벼슬을 물리치고 한양(漢陽)을 떠나 14일 만에 고향 도산으로 내려왔다. 그로부터 453년이 흘렀다.

　혼탁한 세상이다. 서푼짜리 미관말직 벼슬이라도 얻으려고 너나할 것 없이 서울로 몰려가서 정치권 주변에서 유력정치인의 잡심부름을 마다하지 않고 뒤치다꺼리를 도맡아 하다가 감옥에 가기도 하고 혹은 권력의 부스러기라도 얻기 위해 고개를 조아리는 것이 세태다. 서울 여의도 정치권 주변의 그런 세태를 보면 퇴계가 얼마나 위대한 우리의 스승이었는지를 새삼 깨닫는다.

　퇴계의 가르침은 안동의 정신이다. 안동의 정신은 곧 퇴계의 가르침이고 그것은 안동을 우리 독립운동의 본산으로 만든 바탕이기도 하다.

　안동 시내에서 퇴계의 삶의 자취를 찾아나서는 길은 꽤나 먼 편이다. 봉화로 가는 도로를 따라 안동호를 끼고 30여분을 달려야 도착한다. 도산서원은 인근의 병산서원과 영주 소수서원, 경주 옥산서원, 달성 도동서원 등과 함께 2019년 세계문화유산으로 지정됐다. 세계문화유산으로 지정됐다고 해서 도산서원의 위상이 달라진 것은 없다. 꼬불꼬불 호수가 보일락말락하는 호숫길을 지나면 도산서원 입구 주차장에 도착한다. 매표소에서 입장권을 끊어서 도산서원까지는 오분 여 남짓 걸으면 오른쪽에 안동댐이 만들어낸 시원한 안동호를 만나게 된다. 도산서원은 안동호를 바라보는 풍광좋은 도산자락에 자리 잡고 있다. 서원 앞 넓직한 마당에는 수백 년 묵은 고목들이 도산서원을 찾아 온 관광객과 배향객을 반갑게 맞이한다.

서원의 규모는 생각보다 크지 않고 아담하다. 퇴계가 제자들을 가르치며 기거하던 '도산서당'은 그저 작은 세 칸 반짜리 집으로 마루까지 갖추고 있지만 소박했다.

유교의 본산이라고 할 수 있는 공자의 고향, 중국 곡부(曲阜)에서 볼 수 있는 공자의 유적들이 '대륙스케일'을 그대로 재현하듯이 웅장한 규모인 것과 비교한다면 공자의 후손도 '추로지향'((鄒魯之鄕)공자(孔子)와 맹자(孟子)의 고향)으로 추존된 안동의 도산서원을 보고 깜짝 놀라지 않을 수 없을 것이다.

조선에서 최초로 주자학을 완벽하게 이해하고 새롭게 정리한 퇴계를 기리는 도산서원은 옛 모습 그대로다. 더하고 덜하고 할 것도 없이, 퇴계가 기거하고 후학들을 가르치던 도산서당을 중심으로 농운정사와 광명실, 역락서재, 하고직사 등의 여러 건물들이 있지만 모두 간결하고 소박하고 검소했다. 퇴계의 생활 자체가 자연과 벗하면서 살아가는 소박하고 검소한 삶이었기에 그랬을 것이다.

서원에 들어서 가장 먼저 도산서당으로 향했다. 문패처럼 붙어있는 '도산서당'(陶山書堂)이라는 작은 현판글씨가 이채로웠다. 이 도산서당이라는 현판 글씨는 퇴계가 직접 쓴 친필이다. 천하에 명성이 자자한 퇴계를 찾아오는 후학들이 줄을 이을 정도로 북적이던 서당의 현판이 자그마한 나뭇조각에 작고 아담하고 글씨체로 쓰여있는 것이 여간 의아스럽지 않았다.

계상정거도

김병일 도산서원 원장은 "배우러 찾아오는 제자들이나 질문하기 위해 방문하는 후학들이 마음 편하게 다가오도록 배려한 결과"라고 말했다. 당시 퇴계 같은 대학자를 찾아뵙는다는 것은 방문자 입장에서도 쉽지도 않았고 무척이나 긴장된 일이었을 것이다. 퇴계는 자신을 찾아오는 이들의 그런 불편한 처지를 배려하고 헤아려 문패부터 턱을 낮춘 것이리라.

이 도산서당은 퇴계가 스스로 공부하고 후학들을 위한 공간이 필요해서 직접 마련한 곳이다. 제자들이 먼저 도산서당 터를 찾아서 이곳에 짓는 것이 어떻겠느냐고 건의하자 퇴계가 직접 와서 보고 터를 확정했다. 지금은 1976년 안동댐이 들어서면서 풍광이 많이 달라졌지만 뒤로는 도산(陶山)자락인데다 앞으로는 낙동강(지금은 안동호)이 흐르는 전형적인 배산임수의 길지였다. 후일 조선시대 진경산수화의 대가인 겸재 정선이 이곳까지 찾아 와서 〈계상정거도〉를 그릴 정도였다. 이 그림은 퇴계 유물을 전시하고 있는 '옥진각'에서 볼 수 있다.

　도산서당의 맨 왼쪽 한 칸은 골방이 딸린 부엌이고 중간의 아늑해 보이는 1칸짜리 방이 퇴계가 기거하던 완락재(玩樂齋)다. 열린 문 사이로 한참을 방안을 들여다보면서 퇴계의 향기를 맡으려 애썼다. 얼핏 보기에도 아주 좁은 공간이었다. 그러나 당시 퇴계에게는 공부하고 후학들을 가르치면서 거처로 삼기에 충분한 공간이었다. 소박하고 검소한 삶을 살아온 퇴계는 서당 바로 마당에 작은 연못을 파고 거기에 연을 심어 '정우당'(淨友塘, 깨끗한 벗이 있는 우물이라는 뜻)이라는 이름을 지었다. 서당 옆 산자락에는 샘을 파고 그 옆에 소나무와 대나무 국화, 매화를 심어 '절우사'(節友社)라고 불렀다. '절개와 의리가 있는 벗'이란 뜻이다. 자연 속에 살면서 늘 자연을 가까이 한, 퇴계의 하루하루가 선연하게 그려졌다.

도산서원을 돌아보고 밖으로 나오면 탁 트인 시야에 호수 중간에 자리 잡은 작은 섬 하나가 포착된다. 시사단(試士壇)이다. 시사단은 원래 있던 그 자리지만, 안동댐 건설로 수몰이 될 처지에 놓이게 되자 10m 높이의 돌축대를 쌓아 높여놓았다.

퇴계 사후 222년이 흐른 1792년 정조가 이곳 도산서원에서 '도산별시'라 불리는 과거시험을 치르도록 한 것을 기념해서 세운 비석이다. 정조는 당시 퇴계를 기리는 의미에서 이곳에서 과거시험을 치르도록 했다. 영남선비에 대한 탕평책의 일환으로 인재등용의 특별한 기회를 부여한 것이다.

어슬렁어슬렁 퇴계의 흔적을 따라 걸으면서 퇴계의 향기에 흠뻑 젖었다.

'무불경'(毋不敬, 모든 일을 행함에 있어 조심하고 공경하여야 한다)과 '신기독'(愼其獨, 홀로있게 되면 행동이나 마음가짐이 흐트러지기 쉬우므로 늘 조심하라) 이라는 퇴계의 가르침을 받아들고 도산서원을 나왔다.

계상서당

도산서원에서 2km 정도를 도산뒷편으로 가면 퇴계종택에 도착한다. 이곳은 사실 도산서원의 뒷산으로, 종택 앞을 흐르는 계곡은 계상

(溪上)이라 불린다. 퇴계가 도산서당을 짓기까지 10여 년 동안 기거하면서 수많은 저술들을 내고 후학들을 가르치던 곳이 바로 이 '계상서당'이다.

이곳은 퇴계의 사상이 영글어지고 완성된, 한국정신문화의 발원지이자 성지다.

당시의 계상서당은 허물어져서 흔적도 없이 사라졌지만 수년 전 옛 문헌과 기록을 참고해서 집 세 채를 복원했다. 퇴계의 공부방인 '계상서당'과 '한서암'(거처) 그리고 기숙사격인 '계재'가 그것이다.

퇴계종택 역시 새로 복원됐다. 종택 뒤편에는 도산서원선비수련원이 자리 잡고 있어서 매년 수많은 사람들이 찾아와서 퇴계와 선비정신에 대해 배우고 간다.

계상서당에서는 당대 최고의 유학자인 퇴계 선생과 젊은 율곡의 만남이 이뤄졌다. 1558년 약관 23세의 율곡은 58세의 퇴계를 찾아와 한껏 존경을 담은 시를 지어 바쳤고 퇴계도 화답했다. 두 사람은 사흘을 계상서당에서 함께 지냈고, 퇴계는 떠나는 율곡이 가르침을 청하자, 다음과 같은 글을 써서 줬다.

'마음가짐에 있어서는 속이지 않는 것이 귀하고, 벼슬에 나아가서는 일 만들기를 좋아함을 경계해야 한다.'(持心貴在不欺 立朝當戒喜事)

계상서당을 둘러보고 개울을 건너는데 꽁꽁 언 시냇물 아래로 졸졸 흐르던 물소리가 갑자기 내 귓가에 크게 들려왔다.

퇴계가 계상서당에서 내려와 산책을 하면서 늘 듣던 그 시냇가 물소리엔 퇴계의 가르침이 스며들어있는 듯 했다.

02
퇴계를 만든 춘천 박씨

꼭 한번은 그곳에 가보고 싶었다.

그곳에 가지 않고서는 퇴계를 온전하게 이해할 수도 느낄 수도 없을 것 같았다.

그를 알게 되자 오히려 더 안개 속으로 빠져드는 것처럼 퇴계의 향기가 아득하게 멀어졌다. 퇴계 이황(退溪 李滉, 1501~1570). 그의 시대는 연산군에서 선조까지 격동의 조선 중기로 접어드는 시기였다.

안동을 추로지향(鄒魯之鄕)이라고 부르는 것은 맹자의 고향인 추(鄒)나라와 공자의 고향, 노(魯)나라를 합쳐놓은 곳과 같다는 의미다.

공자의 77세 종손 공덕성(孔德成)선생이 도산서원을 방문했을 때 '추로지향'이라고 쓴 글을 도산서원 입구에 비석으로 세웠다. 퇴계 태실이 있는 도산의 노송정(老松亭) 종택에는 '해동추로'(海東鄒魯)라는 현판이 걸려있다. 해동은 우리나라를 가리키므로 우리나라의 공맹이라는 뜻이다. '도산서원'에 가지 않더라도 안동 어디를 가나 퇴계의 향기는 난다. 안동이 '한국 정신문화의 수도'라는 자부심을 갖게 된 것은 퇴계가 학문과 삶을 분리하지 않고 실천하는 '선비'의 삶으로 일관했기 때문 아니었을까?

그런데 공맹에는 미치지 못하더라도 당대 대학자에게 사사 받지도 않고, 기껏해야 천자문을 가르친 서당 훈장과 숙부인 송재공(松齋公) 이우(李堣)가 있었을 뿐, 성리학의 본향 중국에 유학을 가지도 않은 퇴계는 어떻게 공자와 맹자를 합쳐놓은 듯한 조선 최고의 대학자로 성장할 수 있게 된 것일까.

―

따지고 보면 퇴계는 남들보다 오히려 불우(?)하다고 할 수 있는 환경에서 공부했다. 6남1녀의 막내로 태어난 그는 태어난 지 7개월여 만에 아버지가 세상을 떠나 홀어머니 아래서 자라야 했다. 할아버지는 태어나기도 전에 별세하셨기 때문에 할아버지와 아버지로부터 받아야 할 '사랑방 교육'은 아예 구경조차 못했다. 퇴계의 어머니 춘천 박씨는 홀로 어린 퇴계를 비롯한 7남매를 건사하면서 시어머니를 봉양하고 양잠과 농사로 온 가족의 생계를 책임져야 했다. 고달프고 고생스러운 일상이었을 것이다.

그런 환경에서도 춘천 박씨는 퇴계를 비롯한 두 형제를 학문의 길로 인도해서 높은 벼슬에 오른 대학자로 길렀고 구순의 시어머니도 성심성의껏 모셨다.

'맹모삼천지교'(孟母三遷之敎)라는 말이 있다. 맹자(孟子)를 대학자로 키운 것은 맹자의 어머니였다. 맹자의 어머니가 묘지 근처로 이사를 갔는데 어린 맹자는 늘 보고 듣는 것이 상여(喪輿)와 곡성(哭聲)뿐이었다. 맹자가 늘 그 흉내만 내자 맹자 어머니는 이곳은 자식 기를 곳이 못 된다 하고 곧 저잣거리로 집을 옮겼다. 맹자는 이번에는 장돌뱅이 흉내를 내곤 했다. 맹자 어머니는 이번에는 서당 옆으로 이사를 갔더니 맹자가 글을 따라 읽기 시작했다는 이야기다.

   자식교육의 대부분을 그 옛날이나 지금이나 어머니가 맡는 세태는 전혀 변하지 않는 모양이다.

   맹자의 어머니는 묘지에서 저잣거리로 그리고 서당으로 세 번이나 이사한 끝에 맹자에게 공부할 수 있는 교육환경을 제공해줬지만 세상에서 가장 중요한 교육은 어머니의 인성교육이다. 훌륭한 어머니 아래 불효자는 없다.

노송정 종택 본채의 퇴계선생 태실. 퇴계 이황이 태어난 곳이다.

따라서 맹자처럼, 대학자 퇴계를 만든 것은 7할이 어머니 춘천 박씨다. 나머지 3할은 할머니의 무릎교육이었다. 어머니와 할머니가 퇴계를 조선 성리학의 대가이자 대학자로 성장시킨 선생이었다. 퇴계가 태어난 '노송정종택'과 퇴계 어머니 춘천 박씨 묘소를 찾아 나선 것은 그 때문이었다.

퇴계가 태어난 곳이 바로 할아버지 이계양(1424~1488)이 건립한 '노송정 종택'이다. 퇴계는 이 노송정에서 태어나고 자랐다.

어려서부터 글을 좋아해서 6살에 이웃 노인에게 천자문을 배우기 시작했고, 12살에는 숙부로부터 틈틈이 '논어'를 배웠다고 한다.

공자가 노송정 종택 대문으로 들어오는 꿈을 꾸고 나서 퇴계를 잉태했다는 춘천 박씨의 '퇴계태몽'은 놀라웠다. 노송정 종택 대문에 '성림문(聖臨門)'이라는 현판이 들어선 것은 퇴계의 제자 학봉 김성일이 태몽을 해석해서 붙인 이름이다.

성림문을 들어서서 왼쪽으로 돌아가면 퇴계 태실이 있는 노송정 본채다. 태실은 본채 중에서 퇴계가 살던 당시 모습 그대로 보존돼있다. 'ㅁ'자형 구조로 지어진 본채 안으로 돌출돼있는 태실에는 '퇴계선생태실'이라는 현판이 높게 붙어 있다. 잘 정돈된 태실 안으로 들어서자 단아한 조선선비의 모습이 그대로 떠올랐다. 눈을 지긋이 감고서 오백년 시간을 거슬러 올라가는 시간여행을 청하자 퇴계의 숨결이 느껴지는 듯 했다.

가족의 생계를 책임져야 했던 홀어머니 춘천 박씨의 단호한 표정과 막내손자를 맡아서 키웠을 할머니의 모습도 떠올랐다.

춘천 박씨의 생전 풍모는 퇴계가 직접 쓴 묘갈(墓碣, 돌비석)에 잘 드러나있다. 퇴계는 아버지의 묘갈은 당대 대학자 기대승에게 청하여 받았으나 어머니와 할머니의 묘갈은 자신이 직접 쓸 정도로 애정을 듬뿍 담았다.

"(어머니 춘천 박씨는) 서기 1470년 3월 8일에 태어났다. 타고난 자질이 아리따웠으며 자라서 우리 아버지의 계실(繼室, 후실)로 들어왔다. 어머니는 시어머니를 성심껏 섬기면서 조상을 받들었고 안살림은 근검으로 다스렸다.

아랫사람을 대하기는 엄하면서 자혜로웠고 노비들을 거느리는 데는 모든 사람들이 스스로 의뢰하고자 하였다. 길쌈을 하여 생활을 하였으나 밤새도록 하여도 게을리 한 적이 없었다."

퇴계는 어린 시절 늘 자식들을 위해 일해 온 어머니가 고생하는 것을 훤히 알고 있었다.

정경부인(貞敬夫人)으로 추존된 어머니의 묘갈에는 절절한 사모곡처럼 어머니 춘천 박씨에 대한 그리움이 듬뿍 배어있었다.

"신유년(1501년)에 아버지께서 진사에 급제하시고 다음 해 6월에 병으로 돌아가시니, 그때 맏형님이 겨우 장가를 들었을 뿐 그 나머지는 모두 어렸다. 어머니께서 깊이 생각하시기를 많은 아들을 두고 초년에 과부가 되어 가문을 잇지 못하고 마침내 시집장가를 떳떳이 보내지 못하게 된다면 이는 크게 근심스럽고 두려운 일이라고 하였다. 삼년상을 마치자 제사일은 맏이에게 맡기고, 그 옆에 방을 지어 거처하면서 더욱 열심히 농사를 짓고 누에를 쳤다.

부역과 세금이 혹심하여 많은 사람의 살림이 결단났는데도 어머니께서는 능히 먼 앞날을 내다보면서 환란을 도모할 수 있었으며 가업을 잃지 않고 지킬 수 있었다.

어린 아이들이 점점 자라면서 가난을 벗어날 수 있었으며, 멀고 가까운 스승을 쫓아 공부하도록 학자금을 마련하였다."

언제나 훈계하시기를 다만 문예만 할 것이 아니라 몸가짐을 삼가는 것이 귀하다 하였고 사물에 알맞은 비유로써 가르침을 하였다.

언제나 간절히 경계하시기를 세상에서 과부의 아들은 배움이 없다고 말하니 너희들이 백배의 노력을 하지 않는다면 이러한 비웃음을 어찌 면할 수 있겠느냐 라고 말했다. 뒤에 두 아들이 과거에 급제하고 벼슬길에 오르니 어머니께서는 기뻐하지 아니하시고 늘 세상의 환란을 근심하였다.

어머니는 퇴계에게 높은 관직을 마다하고 작은 벼슬(고을 원)에 그칠 것을 소원하셨다.

놀라운 것은 퇴계를 비롯한 7남매를 꿋꿋하게 길러낸 춘천 박씨가 문자를 배운 적이 없어 글을 전혀 모른다는 사실이다. 이와 관련, 퇴계는 "문자를 배운 적은 없으나 평소에 늘 들은 아버님의 정훈(庭訓, 가정의 가르침)과 여러 아들이 서로 공부하는 것을 들어서 이해하는 바가 있었으며 의리로 비유하여 사정을 밝게 하는 지식과 생각은 마치 사군자와 다를 바 없었다. 그러나 속으로만 지니고 있을 뿐 겉으로는 항상 조용하고 조심할 뿐이었다."라고 표현했다.

글을 모르는 어머니 아래에서 조선 최고의 대학자가 탄생한 것은 모순이나 아이러니가 아니다. 퇴계는 어머니에게 글로 배운 것이 아니라 어머니의 삶에서 성리학을 배웠다. 가사를 지성으로 돌보고 아이들에게 행동으로 가르치고 시어머니를 잘 봉양하고 아랫사람들을 잘 대하는 것보다 더 나은 교육이 어디 있겠는가.

―

퇴계가 직접 쓴 묘갈이 있는 어머니 춘천 박씨의 묘소를 찾아 나섰다. '수곡 묘소'라 불리는 퇴계 부모와 조부모 묘소는 노송정 종택 바로 뒷산에 있었다.

묘소는 맨 위에 '조모'로부터 그 아래로 '조부', 그리고 '어머니 춘천 박씨', 그 아래쪽에는 '부친' 순서로 자리하고 있었다. 순서를 가늠할 수 없는 '역장'(逆葬)으로 볼 수 있었다. 조선 중기 이전에는 역장에 개의치 않고 묘역을 조성하기도 했다고 한다. 가장 늦게 세상을 떠난 퇴계 어머니와 할머니가 할아버지와 아버지 묘소 사이에 뒤늦게 비집고 자리 잡은 듯한 형국이다.

 묘소는 풍수지리에 문외한인 필자가 보더라도 '길지'(吉地)였다. 눈앞에 개천이 흐르고 좌우로는 야트막한 산이 바람을 막아주면서 시야가 트인 아늑한 전망이 두드러져 보였다.

 네 기의 묘소는 소박했다. 퇴계 스스로는 죽으면 비석도 세우지 말라고 유언할 정도로 소박했지만 효심이 지극한 퇴계는 어머니와 할머니의 묘갈은 자신이 직접 쓸 정도로 애정과 효심을 감추지 않았다. 특히 자신과 정치적 대척점에 선 고봉 기대승(奇大升)에게 아버지의 묘갈을 써줄 것을 직접 요청해서 바꾸기도 했다.

퇴계의 어머니 춘천 박씨의 묘소.
뒤로 퇴계 할아버지와 할머니 묘가 차례로 조성돼있다.

춘천 박씨 묘갈이다. 퇴계가 직접 썼다.

이 '수곡 묘소'에서 진하게 묻어나는 퇴계의 향기와 기대승이라는 이름 석 자를 발견하는 것도 색다른 느낌으로 다가왔다.

퇴계의 시대나 지금이나 세상은 늘 혼탁하고 혼란스럽다. 그의 시대가 혼란했던 만큼 퇴계라는 대학자가 나올 수 있었고, 지금의 세상 역시 천하대란을 통해 천하대치의 새 영웅이 탄생할 지도 모른다.

그러나 그런 영웅을 만든 것은 그 시대가 아니라 자식을 올바르게 이끄는 어머니의 지극한 사랑과 헌신일 것이다.

오늘 우리는 퇴계의 향기를 통해, 혼란한 시대를 변화시키는 것은 한 사람의 영웅이 아니라 춘천 박씨 같은 어머니의 존재라는 평범한 사실을 깨달았으면 좋겠다.

03
국학진흥원 기록유산
유교책판

조선은 기록의 나라였다.

오백년 왕조를 이어간 왕의 일거수일투족은 사관이 하나도 놓치지 않고 기록한 사초가 되었다. 그것을 엮은 것이 '조선왕조실록'이다. 왕명을 출납하던 승정원에서는 국정을 미주알고주알 기록했다. 조선왕조실록의 사초이자 그 자체가 역사적 기록이었던 승정원일기는 조선의 역사를 증명하는 귀중한 기록이다. 두 기록물은 유네스코 세계기록문화유산으로 등재됐다.

우리가 조선시대에 대해 잘 알 수 있는 것은 가까운 과거라는 점도 있지만 이처럼 조선시대에 관한 기록물이 가장 많이 남아있기 때문일 것이다.

조선왕조실록은 왕들의 언행을 세세하게 기록했을 뿐만 아니라 당시의 날씨나 천재지변 생활상 정치경제 등 모든 분야를 망라했기 때문

에 조선시대를 기록한 백과사전과 같다. 왕은 절대로 자신에 대해 기록한 사초를 볼 수도 없었고 수정할 수는 더더욱 없었다. 그것이 역사를 대하는 조선의 방식이었다.

기록은 인류역사의 바탕이다. 기록이 없으면 역사는 재구성될 수 없다. 왕의 언행에 대한 기록뿐만 아니라 조선시대를 지탱한 생활철학이자 통치이념인 유교와 관련된 기록은 조선왕조실록보다 더 방대하다. 퇴계 이황과 율곡 이이 등의 사상이 널리 알려지면서 조선시대 사람들의 삶을 지배하게 된 것은 그들의 언행과 문집이 기록으로 남겨져서 후대사람들의 삶의 철학으로 자리 잡았기 때문이다.

서책의 발간과 문집발간이 과거 어느 시대보다 활발하게 이루어진 시대가 조선이었다. 고려시대는 기껏 '팔만대장경'같은 불교문화가 융성했을 뿐이지만 조선의 성리학은 선비의 삶 뿐 아니라 온 백성의 생활과 정신을 지배했다.

사림(士林)에 묻혀 있다가 개혁을 위해 세상에 나온 선비들은 시와 산문을 썼고, 경제와 세상을 이끄는 경세법(經世法)에 대해, 세상을 이

끄는 지혜에 대해 글을 남겼다. 그것으로 끝이 아니었다.

조선을 기록의 나라라고 하는 것은 왕을 중심으로 한 국가시스템에 의한 방대한 관변기록물 때문이 아니다. '유교책판'으로 대표되는 그 시대를 치열하게 살다간 선비들의 삶과 글의 궤적이 천문학적인 규모로 기록되고 문집으로 제작되어 전승되고 있기 때문일 것이다.

충(忠)과 효(孝)에 바탕을 두고 '인의예지신'(仁義禮智信)의 오상(五常)을 생활철학으로 삼은 시대. 이렇게 확립된 유교적 도덕관은 오늘날까지 우리의 삶을 관통하는 철학으로 작용하고 있다. 흔히들 안동을 '한국정신문화의 수도'라고 지칭하는 것은 안동이 조선 성리학을 집대성한 퇴계의 본향이기 때문이다.

우리는 중국과 달리 공자와 맹자 같은 성인을 맹목적으로 추존하지 않았다. 우리 곁의 선비, 퇴계의 사상과 삶의 궤적을 되살렸고 그들을 서원에 배향했고 유림의 공의를 모아 문중 어른들의 문집을 출간해서 사회규범으로 삼았다.

　'유교책판'(儒敎冊版)은 조선시대에 서책(書冊)을 발간하기 위해 목판에 판각한 인쇄용 책판을 말한다.

　이 기록물은 조선시대 유교적 신념을 후대에 전하고 중요한 가치를 공유하기 위한 구체적인 방법으로 선택된 당대 출판시스템의 중요 증거물이다. 조선의 유학자들과 선비들은 자신들이 공부한 유교적 이념을 실천하고자 살아 온 현인(賢人)의 삶을 기억하고 그들의 삶이 후손들에게 이어질 수 있도록 문집을 발간했다. 이 문집을 발간하기 위해 목판에 글자를 새겨 넣은 문집의 출판원본이 책판이다. '유교책판'은 이러한 문집과 각종 서책 원판인 책판을 모아놓은 '콜렉션'을 지칭한다.
　이 유교책판은 2015년 10월 유네스코 세계기록유산으로 등재되면서 전 세계에 유례가 없는 특별한 기록문화유산으로 각별한 관심을 받았다.

이 유교책판은 안동의 '한국국학진흥원'내 장판각에 수장돼 관리되고 있다.

안동에는 병산서원과 도산서원, 하회마을과 봉정사 등의 세계문화유산 뿐 아니라 유교책판과 국채보상운동 기록물같은 세계기록유산과 아시아태평양기록문화유산으로 등재된 '편액' 등의 소중한 문화유산도 함께 보유하고 있다.

유교책판을 보러 한국국학진흥원으로 갔다. 한국국학진흥원은 1995년 전통문화유산의 조사연구를 통해 미래사회를 이끌어 갈 정신적 좌표를 확립하기 위해 설립된 국학전문 연구기관이다.

현재 국학진흥원 장판각에는 305개 문중과 서원과 개인 등이 기탁한 718종 6만6천500여점의 유교책판이 소장돼있고 편액은 1천279점이 있다.

사실 '유교책판'이라는 거창한 이름 대신에 서책출간을 위한 목판원본이라고 한다면 보다 쉽게 이해가 될 것 같다.

대량출판이 가능해서 책 한권 출간하는 것이 그리 어렵지 않게 된 요즘에도 일반인이 책을 출간한다는 것은 쉬운 일이 아니다. 유교책판은 조선시대에 대중을 위한 서책을 인쇄하기 위해 원고를 공론에 의해 모아서 편집하고 엄청난 비용이 소비되는 책판을 제작하는 작업 전반을 아우른다.

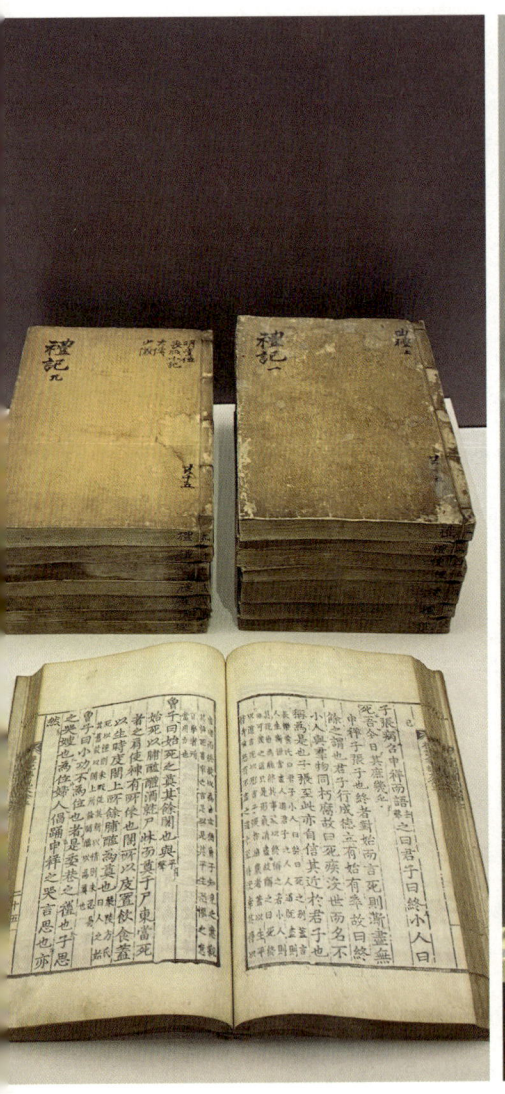

각 문중과 서원 등에서 제각각 관리되고 있던 책판들을 기탁받은 국학진흥원은 항온·항습 시설을 갖춘 장판각을 지어 정기적인 훈증소독까지 하면서 책판의 영구보존을 위해 노력하고 있다.

일반인은 장판각에 들어갈 수 없다. 그러나 일부 책판에 대해서는 유리수장고를 통해 내부를 관람할 수 있도록 개방하고 있어 눈으로 직접 확인한 유교책판은 대장관 그 자체였다.

유교책판 '콜렉션'의 대부분을 차지하는 것은 유학자들의 문집이다. 퇴계문집 등이 대표적이다. 문집은 유교적 이념으로 평생을 살았던 퇴계 등 유학자들의 삶의 궤적과 사상 그리고 문학작품을 망라했다.

또 성리학과 예학서 등 유학의 기본 텍스트도 꽤 있다. 여러 문중의 족보도 유교책판에서 많이 보인다. 족보는 유교적 공동체를 구성하고 유지할 수 있는 기본 중의 기본이다.

한국국학진흥원의 이상호 박사는 "유교책판이 세계기록유산으로 등재될 수 있었던 것은 유교적 이념을 한 사회의 지배이념으로 지속적으로 유지할 수 있도록 한, 유교책판이 공론에 의해 출판된 집단지성의 산물이라는 점을 높이 평가했기 때문" 이라고 설명했다.

조선은 선비, 즉 유학자가 이끈 세상이었다. 그들은 선비의 숲, 사림(士林)이었다. 사림을 형성한 정몽주의 후학인 영남사림은 조선이 건국한 후 100여년이 지나 훈구파들을 대신, 개혁에 나서 '왕도정치'를 구현하고자 했다. 그 과정에서 벌어진 사화는 수많은 선비들을 죽음으로 몰았다.

사림의 본향 영남의 선비들은 유교의 이념, 왕도정치 구현에 나섰던 이들의 삶을 기록하고 전승하고자 했다. 그것이 유교책판을 만들었다. 목판에 새긴 사상은 고칠 수가 없었고 목판 자체는 원본성이 있었다. 선비정신이었다.

도산서원이나 병산서원 혹은 퇴계의 유적과 사상을 찾아나서는 선비순례길에서 느낄 수 있는 호젓함과 달리 국학진흥원 관람은 특별한 느낌으로 다가왔다. 조선이 기록의 시대였다면 안동은 우리 정신문화의 정수를 생생하게 보존하고 있는 기록의 도시로 각인됐다.

―

한국국학진흥원 장판각은 일반인에게 개방하지 않지만 일부 책판과 편액 등은 홍익의 집에 마련된 간이 전시실 바깥에서 내부를 들여다볼 수 있다.

유교문화박물관에서는 유교와 유교이념에 상설전시관이 있고 특별전시실에서는 '선비의 죽음'을 소재로 한 특별전시도 열리고 있다.

선비의 죽음은 끝이 아니라는 다음의 경구가 눈에 들어왔다.

'유학자는 죽어 육신이 없어졌지만 그의 사상과 학문은 자손과 후학들에게 영원히 기억된다. 그것이 사이불후(死而不朽)이다. 죽는 것은 끝이 아니라 산 자의 생활과 정신속에서 영원히 함께 하는 것이다.'

04
임청각과
정신문화의 수도

대구에서 안동으로 들어가다 보면 초입인 남선 고갯길 4차선 도로를 가로막고 세운 거대한 관문을 만난다. 이 문에는 '남례문'(南禮門)이라는 현판아래 녹색바탕에 '한국정신문화의 수도 안동'이라는 안내문이 걸려있다. 우리나라 수도는 서울이지만 정신문화의 수도는 안동이라는 의미일 것이다.

남례문 말고도 안동으로 들고나는 동서남북 4곳의 길목에는 모두 이런 관문이 세워져 있다. 조선시대 한양(서울)에 흥인지문(동대문)과 돈의문(서대문), 숭례문(남대문), 홍지문(북대문) 등 4대문이 있었지만 안동에는 하나 더 보태 5대문(門)이다. 유교의 5대 덕목인 인·의·예·지·신(仁義禮智信)을 상징화한 문으로, 동인문(東仁門)·서의문(西義門)·남례문(南禮門)·홍지문(弘智門)·도신문(陶信門)이 그것이다.

이 관문의 의미를 알아차리는 순간, 안동이 조금 더 무겁게 다가왔다. 퇴계학의 본향에다 오래된 종가 고택들이 안동시내 어디에나 산재하고 선비의 기개나 예의범절이 압도하는 도시, 혹은 안동 김씨와 안동 권씨, 의성 김씨 등 3대 권문세가(權門勢家)가 아니면 명함도 내밀지 못한다는 소문이 안동을 정신문화의 수도가 아니라 고리타분하고 뭔가 시대에 뒤떨어진 것 같은 낡은 도시의 이미지로 전락시킨다.

안동은 '추로지향'(鄒魯之鄕)이라고도 불린다. 공자의 고향인 노(魯)나라와 맹자의 고향인 추(鄒)나라 등 '공맹'(孔孟)을 망라한 유교문화의 원형을 제대로 계승발전하고 있는 유일한 도시라는 의미다. 조선시대 정조가 퇴계 선생 치제문에서 '추로지향'이라고 치하한 적이 있고, 공자의 77세손인 공덕성(孔德成) 선생이 1980년 도산서원을 방문, '추로지향'이라는 휘호를 적기도 했다.

21세기에 공자와 맹자 운운하면서 중국도 파괴해버린 유교문화의 본향으로 인정받고 있는 안동이 어떻게 우리 정신문화의 수도를 자처하게 된 것일까 의아했다.

임청각

 안동역에서 안동댐이 있는 방향으로 한참을 걷다가 용상동이나 임하방면으로 넘어가는 다리를 건너지 않고 계속 직진하게 되면 월영교 가는 방향이다. 임청각 앞으로는 원래 옛 안동역으로 철길이 가로막혀 있었지만 안동역사가 이전하고 임영각 앞의 철길도 완전히 철거하면서 숨통이 트인 듯 시야가 훤해졌다.

 '임청각'은 우리에게 잘 알려진 대한민국 임시정부 초대 국무령을 지낸 석주 이상룡 선생의 생가다.

 항일 독립운동의 산실처럼 여겨지는 임청각은 강변에서는 보이지도 않도록 숨겨져있다가 철길이 철거되면서 제 모습을 찾았다. 보물 제 182호이자 국가보훈처가 지정한 현충시설이기도 하지만 일제가 '불령선인'을 많이 배출한 곳이라는 이유로 중앙선 철로를 놓으면서 99칸

집을 허물어 60칸만 남긴 채 그 자리에 있다.

임청각앞으로 가로막고 있던 방음벽에는 "나라를 잃기는 쉽지만 나라를 되찾기는 백배 천배 더 어렵다"는 석주 선생의 불호령이 내걸려 있기도 했다.

독립운동의 본산, 안동.

그랬다. 안동을 우리 정신문화의 수도라고 자랑하는 건 오래된 전통과 문화를 지키면서 공동체를 위해 희생을 마다하지 않았던, 선비정신을 실천한 독립운동의 발상지이자 본산이었기 때문이 아닐까라는 생각이 들었다.

임청각으로 들어섰다. 군자정과 사랑채는 물론이고 임청각 전체를 둘러볼 수 있다. 문재인 전 대통령은 취임 전후 몇 번이나 임청각을 찾았고 2017년 광복절 경축사에서 '독립운동의 산실이자 대한민국 노블레스 오블리주를 상징하는 공간'이라고 격찬할 정도로 '임청각팬'이라는 사실도 잘 알려져 있다. 그래선가 대청마루엔 문 전 대통령이 방문한 사진도 걸려있다.

임청각에 들어서서 가장 먼저 만나게 되는 '군자정'은 학문을 탐구하는 수양공간이자 동시에 손님을 맞이하는 접빈(接賓)의 사랑방 역할을 동시에 했다. 군자정과 사당 사이에는 정방형의 연못이 있다. 초겨울 햇살이 비친 연못주변에는 떨어진 모과가 은은하게 고택의 향기를 뿜어내고 있다.

임청각은 1519년 낙향한 이명이 건축했고 1767년 이종악이 고쳐지었다. 무려 500년이 지난 고성 이씨 종택이다. 우물 옆 사당에는 조상의 신주나 위패가 없다. 석주 선생이 독립운동을 위해 만주로 떠나면서 '나라를 찾지 못하면 가문도 의미가 없다'며 조상의 신주를 모두 땅에 파묻어버렸기 때문이다. 종가의 종손으로서는 상상할 수 없는 결단을 내린 것이다. '나라없는 종가와 종손이 무슨 소용이 있는가.'

'공자와 맹자는 시렁 위에 얹어 두고 나라를 되찾은 뒤에 읽어도 늦지 않다.'

공맹은 물론이고 오백여년 내려온 조상의 신위도 땅에 묻고 가산을 정리해서 50여가구의 식솔들을 이끌고 만주로 떠난 석주. 그 때가 경술국치 다음 해인 1911년 1월6일이었다. 경학사와 신흥무관학교를 잇달아 개설한 석주는 평생을 독립운동에 헌신했다.

임청각은 석주선생이 만주에서 순국한 지 몇 년 지나지 않아 반 동강이 났다. 대한민국 임시정부 초대 국무령으로 독립운동의 최전선에서 싸우는 석주와 그 가족들의 독립투쟁 의지를 꺾겠다며 일제는 중앙선(청량리-경주) 철도를 개설하면서 철길을 만들면서 임청각을 허물고 가로지르는 철로 공사를 강행했다. 당시로서는 강변을 따라 철길을 놓은 것이 가장 쉬운 공사이기도 했겠지만 임청각을 허물어 독립운동에 나선 명문가의 기를 꺾어놓겠다는 불순한 의도가 더 영향을 미쳤을 것이다.

안동역이 이전한 후 임청각 복원사업이 본 궤도에 올라 시야를 가로막던 철길과 방음벽이 완전 철거됐다. 일제가 철거한 99간 임청각을 온전히 만날 날도 멀지 않았다.

경상북도독립운동기념관

'내앞(川前)마을'은 독립운동의 또 다른 산실이다. 안동 시내에서 안동대를 지나 임하방면으로 가다가 만나는 강이 봉화에서 발원한 반변천이다. 임하댐을 거쳐 내려 온 강줄기 언저리에 자리잡은 유서깊은 마을이 의성 김씨 집성촌인 내앞마을이다.

내앞은 천전(川前)의 한글 이름. 내앞마을은 석주 선생과 함께 만주로 가서 독립운동에 헌신한 김동삼의 생가가 있고, 협동학교 설립지 및 백하 김대락선생의 생가 '백하구려'도 잘 보존돼있는 살아있는 독립운동의 산실이다.

내앞마을에 있는 옛 협동학교 자리에는 '경상북도 독립운동기념관'이 자리 잡고 있다.

내앞마을에 있는 옛 협동학교 자리에는 '경상북도 독립운동기념관'이 자리 잡고 있다. 2007년 안동출신 독립운동가들의 민족정신을 기리기 위해 안동독립운동기념관으로 건립했다가 2014년 경북독립운동기념관으로 명칭을 변경했다.

안동에서도 이 내앞마을이 독립운동의 실제 중심지였고 협동학교 등 독립운동의 산실이기 때문에 이곳에 기념관을 건립한 것이다. 전시실에서 만난 6.10만세운동을 이끈 막난 권오설 선생의 벌겋게 녹슨 '칠제관(鐵製棺)'은 당시 일세의 독립운동가에 대한 박해가 얼마나 잔혹했는지를 확인해줬다. 사회주의계열의 노동운동가이자 독립운동가인 권오설은 체포돼서 고문을 당하다가 옥사했다. 일제는 고문의 흔적을 감추기 위해 철관을 사용했고 심지어 용접까지 했다. 영혼까지 관 속에 가두려한 것이다.

임청각과 내앞마을까지 다녀오고서야 왜 안동이 우리 정신문화의 수도여야 하는지를 알게 됐다.

나라 잃은 서러움을 누구보다 절감하고 저항하고 깨어나서 행동하는 애국자들이 안동에 있었기에 오늘의 대한민국이 존재할 수 있었다.

1894년 갑오의병(甲午義兵)에서 1945년 안동농림학교(安東農林學校) 학생항일운동에 이르기까지 수많은 애국지사들이 독립운동에 목숨을 바쳤다. 2005년 국가보훈처에 등록된 독립운동유공자 700명 중에서 안동출신이 무려 277명에 이르고 독립운동을 이끈 지도자들의 30%가 안동출신이었다는 독립운동사 자료를 보면 안동은 고마운 존재로 다가올 것이다.

05
아 권정생

　마당에서 이리 저리 뛰어놀다가 풀숲 한 구석에 주저앉아 똥을 싸는 우리 집 강아지 '보리'의 모습은 동화〈강아지똥〉의 한 장면을 보는 것처럼 기시감이 든다. 강아지똥은 시골에서는 늘 발에 채이지만 거들떠보지도 않는 보잘 것 없는 것들이다.

　"그런 강아지똥이 거름이 되어 예쁜 민들레꽃을 피우다니… 그래 하느님은 쓸모없는 건 하나도 만들지 않으셨어. 세상 모든 건 다 귀하고 쓸모가 있어."

　어떻게 그 옛날 시골교회에서 종을 치던 '종지기'가 이런 생각을 동화로 쓸 수가 있었을까…그저 참 대단하다는 생각밖에 들지 않았다.

강아지똥은 이렇게 시작된다.

돌이네 흰둥이가 똥을 눴어요.
골목길 담 밑 구석 쪽이에요.
흰둥이는 조그만 강아지니까
강아지똥이에요.
날아가던 참새 한 마리가 보더니
강아지똥 곁에 내려앉아 콕콕 쪼면서
"똥! 똥! 에그, 더러워…"
하면서 날아가 버렸어요.
"뭐야! 내가 똥이라고? 더럽다고?"
강아지똥은 화도 나고 서러워서 눈물이 나왔어요.

〈강아지똥〉을 쓴 아동문학가 권정생 선생을 찾아 나섰다.

중앙고속도로 남안동 IC에서 나와 안동으로 가는 길에 만나게 되는 첫 번째 마을이 안동시 일직면 조탑마을이다. '조탑마을'이란 지명은 이 마을 한 가운데에 오층 전탑(보물 제 57호)때문이다. 보물로 지정된 이 전탑은 최근 문화재청에서 무너진 부위에 대한 복원공사를 하면서 지붕을 씌워놓아 볼 수가 없다. 전탑 바로 앞 골목길 입구에는 통일을 기원하는 권정생 선생의 대형걸개그림을 '양철 벽'에 그려놓았다. 소탈한 선생의 모습이 보이자 마음이 울컥해졌다.

골목길을 따라 100여m 쯤 가자 선생을 닮은 나지막한 지붕의 작은 오두막집이 한 채 나타났다.

"선생님 가신 곳은 어떤 곳인지, 거기서도 산길을 걷고 냇물 돌다리를 건너고, 포플러 나무가 서 있는 먼지 나는 신작로 길을 걸어 걸어 씩씩하게 살아주셨으면 합니다. '일하는 아이들'에 나오는 그런 개구쟁이들과 함께 별빛이 반짝이는 하늘 밑 시골집 마당에 둘러앉아 옥수수 까 먹으며 얘기 나누시는 그런 세상이었으면 합니다. (중략) 선생님의 영전에 선생님이 좋아하시는 진달래꽃 한 다발 마음으로 바칩니다."

권정생 선생이 2003년 암으로 세상을 떠난 이오덕 선생에게 보낸 마지막 편지의 한 구절이다. 이오덕 선생이 떠난 지 그리 오래지 않은, 2007년 권 선생도 세상을 떠났다. 따뜻한 봄이 오면 '강아지똥'을 거름 삼아 오롯이 들판 곳곳에서 꽃을 피우는 민들레꽃 한 다발 꺾어 빌뱅이 언덕에 바치고 싶다.

권정생 선생은 먼저 가신 그 곳에서 잘 지내는지 묻고 싶다.

그야말로 단칸살이 오두막집이다. 댓돌 위에 올라서면 방 한 칸, 부엌 한 칸 있는 자그마한 토담집이다. 마당에는 선생이 기거할 때 사용하던 툇마루와 의자도 널부러지듯 무질서하게 놓여있다. 마치 잠시 출타한 것처럼 보였다. 집 바로 옆에는 선

생이 아침마다 세수를 하던 작은 개울이 흐르고 있고 마당에서는 선생이 평생 종을 치며 아이들을 가르치던 일직교회 종탑이 시야에 들어온다.

집 앞에 세워진 팻말을 보고서야 이 집이 권정생 선생이 살던 곳(1937~2007)이라는 것을 알려줄 뿐.

댓돌위에 올라서서 인기척 소리를 내면 권 선생이 문을 열고 "거기 누구신가?"하며 내다보실 것 같다. '내가 죽거든 이 집도 허물어라'라고 할 정도로 소유를 죄스러워한 그는 평생을 소박하고 소탈하고, 무엇보다 가난한 삶을 살았다. 우죽했으면 쌀밥을 먹게 되면, 평생 쌀밥 한 그릇 마음껏 드시지 못하고 고생하시다가 일찍 돌아가신 어머니를 떠올리면서 죄스러운 마음이 든다고 했을까.

집 뒤로 난 언덕길을 조금 더 올라가면 권 선생이 늘 아침을 먹고 산책을 하던 빌뱅이 언덕이다. 〈강아지똥〉과 〈몽실언니〉, 〈엄마까투리〉

등 수많은 동화와 소설 등 작품을 탄생시킨 산책길이다.

교회 문간방에 살면서 고생하던 선생을 위해 동네 청년들이 빌뱅이 언덕 아래 지어준 자그마한 토담집이 이 집이다. 그는 이 집에 이사와서 어린아이처럼 기뻐했다.

"이사 온 집에 살아보니 좋은 게 많다. 아침에 일어나 개울에서 세수하는 것, 세수하고 나서 뒷산에 올라 가는 것이다. 요사이는 안개가 끼고 그리고 해가 뜨면 그 안개 사이로 나타나는 산국화 꽃이 너무 아름답다. 연보라의 쓸쓸한 빛깔이 후미진 골짜기 기슭으로 무럭무럭 피어 있는 모습은 가슴이 저미도록 아릅답다." (1983년 10월5일 이현주 목사에게 보낸 편지)

"이사 온 집이 참 좋습니다. 따뜻하고 조용하고 그리고 마음대로 외로울 수 있고, 아플 수 있고, 생각에 젖을 수 있어요" (1983년 11월 4일 이오덕에게 보낸 편지)

소박한 공간이었지만 가난하지만 순수한 아동문학가에게는 처음 갖는 공간이었고 소중한 집필공간이었다.

'땡그렁 땡그렁 땡그렁 땡그렁..'

종지기는 새벽마다 종을 쳤다. 종소리를 듣고 일어나 기도하러 나온 할머니, 할아머지는 차가운 교회 예배당 마룻바닥에 머리를 조아리며 외지에 나간 자식들의 안위를 당부하는 간절한 기도를 했다. 처자식을 두고 월남한 '평양 할아버지'도 기도했다. 그 사이에 선생도 기도를 했다. 그의 기도는 더 간절했다. 동화를 쓸 수 있도록 조금만 더 살게 해 달라고, 아프지 않게, 고통스럽지 않게 해달라고 날마다 기도했다. 종소리는 그에게 기도였고 세상을 살아가도록 격려하는 힘의 원천이었다.

종은 한 여름에는 새벽 4시와 저녁 8시, 겨울에는 새벽 5시와 저녁 7시가 되기 30분 전마다 쳤다.

일직교회는 일본에서 태어난 그가 해방이 되자 부모님을 따라 고향에 돌아온 직후부터 다니던 교회였다. 여기서 그는 종지기로 종을 쳤고 시간이 날 때마다 아이들을 모아 인형극을 하거나 동화를 들려주던 주일교사 노릇도 했다.

그가 치던 교회종탑은 예전 모습 그대로였다. 그가 새벽마다 일어나 종을 치던 모습이 눈앞에 떠올랐다. 그가 살던 종탑 옆 문간방은 헐고 새로 지은 것이라고 했다.

일직 운산장터에서부터 걸어서 이 문간방까지 찾아와 권정생 선생의 평생 문우(文友)이자 후원자로 지낸 이오덕 선생과의 교류도 선연하게 남아있다.

권정생 선생이 돌아가신 후 유언에 따라 권정생 어린이 문화재단이 만들어졌다. 재단은 일직에서 대구로 나가는 국도변의 폐교된 옛 '남부초등학교'에 〈권정생 동화나라〉를 만들어, 선생의 체취를 느낄 수 있는 유품과 저작을 전시하고 있다.

교실을 개조해서 꾸며놓은 1층 전시장에 들어서면 선생의 삶과 문학세계를 한 눈에 알 수 있는 연보와 일대기가 잘 정리되어있다. 다른 교실에서는 〈강아지똥〉과 〈엄마까투리〉 등의 선생의 대표작품 속 캐릭터들과 어린이들이 함께 놀 수 있는 공간도 조성돼 있다.

〈권정생 동화나라〉는 일직면 성남길 119번지에 있다. 안동 일직에서 대구방향으로 가다가 이정표를 따라가면 찾을 수 있다. 학교운동장을 주차장으로 쓰고 있어 주차공간은 아주 넓다.

권 선생은 평생 병마와 싸웠다. 돈을 벌기 위해 초등학교를 졸업하고 부산에 가서 일하다가 제대로 먹지도 못해 건강을 잃었고 폐결핵을 얻었다. 폐결핵은 그가 평생 짊어진 십자가와도 같았다.

동화 〈강아지똥〉의 당선은 그의 삶을 동화작가로 살아가도록 한 이정표였다.

1969년 '기독교교육'의 공모에 당선된 그는 당선소감을 통해 그가 얼마나 순수하고 착한 심성을 지녔는지 짐작해 본다.

"길을 걸으면서, 하늘을 쳐다보면서, 나는 거기 무수히 존재하고 있는 생명들에게 끝없는 사랑을 느낍니다.

강변의 돌멩이, 들꽃, 지저분하게 널려있는 지푸라기랑 강아지똥까지 나는 미소로써 바라보며 그들과 대화를 나눕니다.

　외로움과 슬픔이 엄습해 올 때마다 그것들의 울부짖음에 공감을 가지며 스스로를 발견합니다.

　내게 찾아오는 어린이들, 내게서 멀어져 가는 어린이들 모두가 메마른 바람결에 목말라하고 있습니다.

　눈물이 없는 곳엔 참된 기쁨도 없습니다. 누군가 따슨 손길로 어루만지며 함께 울어줄 친구를 그리워하고 있습니다.

　나도 그런 어린것의 하나입니다.(중략)

　꽃이 피는 봄을 찾아 굳세게 달려갈 수 있을 것입니다.

　이제 동화 속에 내 삐뚤어진 마음을 바로잡고 외롭지 말아야겠습니다."

06
이육사문학관

264(二六四), '이육사'(李陸史)는 대구교도소에서 받은 수감번호에서 취음한 이름이었다. 본명은 이원록. 이원삼, 이활이라는 이름도 사용했지만 그는 1930년대 이후에는 이육사로 살았다.

일제에 의해 17번이나 투옥되었지만 일제에 항거, 무장투쟁을 준비하다가 결국 중국 베이징의 감옥에서 세상을 떠난, 백마(白馬)타고 떠난 우리시대의 '초인(超人)'이었다. 그는 두려움없이 거침없이 독립투쟁의 최선봉에 나섰으면서도 저항의 시(詩)를 놓지않은 '칼날 위에 선 음유시인'이었다.

이육사 시인을 만나러 나섰다.

까마득한 날에
하늘이 처음 열리고
어디 닭 우는 소리 들렸으랴.

모든 산맥(山脈)들이
바다를 연모(戀慕)해 휘달릴 때도
차마 이곳을 범(犯)하던 못하였으리라.

끊임없는 광음(光陰)을
부지런한 계절이 피어선 지고
큰 강(江)물이 비로소 길을 열었다.

지금 눈 내리고
매화 향기 홀로 아득하니

내 여기 가난한 노래의 씨를 뿌려라.
다시 천고(千古)의 뒤에
백마(白馬) 타고 오는 초인(超人)이 있어
이 광야에서 목놓아 부르게 하리라.

이육사의 유고시, '광야'(曠野)다.

해방 전 해인 1944년 세상을 떠난 그가 남긴 광야에서 이육사는 스스로 천고(千古)의 뒤에 백마타고 오는 초인을 자처했다. 절정(絶頂)에서는 '하늘도 그만 지쳐 끝난 고원 서리빨 칼날 진 그 우에 서다…'라며 저항의 의지를 곤추세우기도 했지만 그는 끝내 해방을 맞이하지 못했다.

퇴계 이황(李滉)은 안동의 정신적 지주이자 가히 '퇴계교'라고도 칭할 수도 있는 한국정신문화의 뿌리다. 그 퇴계의 영향을 받아 수많은 애국지사와 독립운동가를 배출한 안동은 '한국독립운동의 발상지'라고 불린다. 퇴계학이 그저 책상에서 학문을 탐구하는 것이 아니라, 현실 속에서 공부한 지혜와 덕성을 스스로 실천해나가고자 하는 삶의 철학이었기 때문이리라.

선비정신은 케케묵은 주자학과 성리학의 윤리를 책상머리에서 외워 벼슬길을 좇는 서생(書生)의 그것이 아니었다. 학문과 생활이 분리되지 않았고 자신과 가족의 편안함보다는 이웃과 국가라는 공동체를 위해 헌신하고 희생하는 '노블리스 오블리제'였고, 일본제국주의라는 불의에 굴하지 않고 저항하고 투쟁하면서 독립운동에 직접 나서는 행동하는 양심이었다.

임청각의 석주 이상룡 선생 뿐 아니라 만주벌 호랑이로 불린 김동삼, 권오설을 비롯한 수많은 독립운동가를 배출한 곳이 안동이었다.

이육사는 퇴계선생의 14세손(孫)으로 오롯이 퇴계의 향기 가득한 도산면 원촌마을에서 태어났다. 도산서원과 퇴계 종택 및 퇴계가 거닐던 옛길, '예던길' '녀던길'이 청량산까지 이어져 있는 그 마을이다. 도산서원이 지척에 있고 안동댐으로 흐르는 낙동강의 지류인 토계천이 마을 앞을 흐르는 곳이다. 강 건너에는 고려태조 왕건의 전설을 머금은 '왕모산'이 자리하고 있고 마을에는 여전히 퇴계의 후손들이 모여 살고 있다. 어린 시절부터 일제에 항거하는 분위기에 영향을 받은 이육사는 일본과 중국유학을 다녀오고 난 후 본격적으로 독립투쟁에 나선다.

 육사는 1924년 일본 유학을 떠났다가 1925년 귀국했고, 곧바로 곧바로 중국 베이징에 가서 중국대학에서도 공부를 이어갔다. 이어 중국에서도 오래 머물지 않고 귀국한 1927년 가을 대구에서 큰 사건이 벌어졌다. 10월 18일 일어난 '장진홍 의거'였다. 조선은행 대구지점(현 대구 중앙로)에 배달된 폭탄이 터졌고 이로 말미암아 일본경찰과 은행원 5명이 중상을 입었으며 엄청난 폭음과 함께 은행 유리창 70여장이 깨졌고 그 조각들이 대구역까지 날아갈 정도였다.

 이 사건에 연루된 육사는 1년 7개월 동안 투옥돼 옥고를 치렀지만 증거불충분으로 석방됐다. 이 때 수감번호가 264였다.

 이후 육사는 중외일보와 조선일보 대구지국 기자로 활동하면서 '이육사'라는 이름을 본격적으로 사용하면서 독립운동가로서 이름을 날리기 시작했다.

 안동시내로 진입하기 위해 안동대교를 넘어 옥동으로 넘어가기 전에 만나는 어가골 교차로에서 낙동강을 끼고 이어지는 8차선 도로가 '육사로'다. 태화동에는 이육사생가도 있다. 이처럼 이육사의 자취가 안동시내 곳곳에 배어있지만 무엇보다 안동사람의 가슴에는 이육사가 상징하는 저항의식이 몸에 각인돼있다.

육사가 태어난 집이 있던 생가 터인 도산면 원촌리 881번지는 원촌마을 입구로 현재는 청포도시비공원이 조성돼있다. 생가자리에는 시 '초가'(草家)시비가 세워져있고 공원의 한가운데에는 청포도의 포도알을 본뜬 커다란 화강석 조각들이 자리하고 있다. 청포도 시비에는 육사의 모습과 시 청포도가 양각돼 있다.

그 앞에 서서 육사의 대표시의 하나인 '청포도'를 감상했다.

내 고장 칠월은

청포도가 익어 가는 시절

이 마을 전설이 주저리주저리 열리고

먼 데 하늘이 꿈꾸며 알알이 들어와 박혀

하늘 밑 푸른 바다가 가슴을 열고

흰 돛단배가 곱게 밀려서 오면

내가 바라는 손님은 고달픈 몸으로

청포를 입고 찾아온다고 했으니,

내 그를 맞아 이 포도를 따먹으면

두 손은 함뿍 적셔도 좋으련.

아이야, 우리 식탁엔 은쟁반에

하이얀 모시 수건을 마련해 두렴.

그가 바라던 손님은 '광복'이었을 테고 광복이 올 때를 기다리며 은쟁반에 모시 수건까지 마련하라고 조바심친다.

이육사는 그저 서정적이며 목가적인 시를 쓰며 광복을 기다리는 음유시인이 아니다. 그는 조선의열단에 가입해서 직접 독립운동에 나섰고, 시를 통해서 우리 민족의 저항정신을 북돋웠다. 1927년 대구 장진홍 의거 때 처음으로 투옥된 것을 시작으로 1944년까지 무려 17번이나 일제에 의해 투옥을 거듭했지만 그의 투쟁의지는 꺾이지 않았다. 시인이자 독립투사 그리고 기자이자 문학평론가로서의 삶을 살아 온 그의 정신은 퇴계로부터 비롯된 것이자 안동사람의 가슴에 흐르는 선비정신의 발현이었다.

생가 터에는 없는 이육사의 생가 '육우당'(六友堂)은 현재 두 곳에 복원돼있다. 원래 안동댐이 건설되면서 수몰이 예상되자 1976년 기둥과 기와 등을 모두 헐어 지금의 안동시 태화동으로 이건했다.

1973년 8월 31일 경상북도 민속문화재 제10호로 지정되었다. 정면 4칸, 측면 1칸으로 구성된 홑처마 3량가(三樑架)의 일자형집이다. 안동 시내로 옮겨진 후 한쪽 일각문 자리에 대문이 서고 원래의 대문 자리는 이웃집 돌담이어서 담장도 대문도 없게 됐다. 소유권이 후손이 아닌 사람에게 넘어가면서 관리가 부실해지고 원형이 변형되자 고증을 거쳐 원촌마을에 있던 생가를 다시 복원해서 2004년 건립된 문학관 부지 내에 세웠다.

'이육사문학관'은 육사의 삶의 자취와 향기를 온전하게 느낄 수 있도록 꾸며진 전시관과 추모객과 일반인들이 숙박을 할 수 있는 생활관으로 나뉘어있다.

문학관 입구에 세워진 이육사의 좌상이 먼저 눈에 들어왔다. 시비(詩碑) '절정'을 배경으로 원촌마을 너머를 바라보는 동그란 안경을 낀 이육사의 모습은 독립투사로서의 강철같은 의지보다는 '문학청년'같은 순수함이 더 돋보였다.

문학관을 둘러보기 위해 입장권을 끊었다. 코로나시대라 드문드문 관람객의 발길이 끊이지는 않고 있었다. 서울에서 안동역까지 KTX가 개통되면서 2시간으로 가까워졌다는 것이 알려지면서 따뜻한 봄날이

되면 문학관을 찾는 발걸음도 훨씬 잦아질 것으로 예상된다.

전시실에서 제일 먼저 만나게 되는 것이 이육사 시인의 흉상이다. 흉상 뒤로 보이는 17과 30, 27과 44라는 숫자가 의미심장하게 다가왔다.

17은 17번에 이르는 투옥을, 27은 1927년 장진홍 의거에 연루돼 처음으로 투옥된 연도를, 30은 첫 시 '말'을 발표한 1930년을, 44는 만 40세가 되던 해인 1944년 베이징에서 순국한 것을 가리킨다.

전시관 2층에서는 수감번호 264에서 비롯된 이육사의 삶의 자취를 더듬어보게 된다. 2층 전시실을 다 보고난 후에는 카페에서 육사관련 도서들을 둘러보면서 커피 한 잔하는 여유도 가질 수 있다.

1층으로 내려가면 그의 독립운동 과정과 시와 평론 등 문학 활동을 일별할 수 있다. 한쪽에는 그가 순국했던 감옥을 재현하면서 체험할 수 있도록 해놓았다. 이육사와 더불어 약산 김원봉과 안동출신 독립운동가인 김시현 선생의 모습을 나란히 배치해놓은 것도 눈에 들어왔다.

문학관을 돌아나오면서 마음이 숙연해졌다. 우리 시대의 지식인들도 '기레기'라는 비난을 듣지 않고 이육사처럼 자신의 온 몸을 던져 권력의 불의에 항거하는 투사가 될 수 있을까하는 아쉬움도 함께 느꼈다.

문학관 앞에서 안동댐으로 흐르는 낙동강(지류)은 역사의 흐름처럼 여전히 도도히 흐르고 있었다.

07
원이엄마와 월영교

사랑이 사라진 시대, 사랑의 감각이 무뎌진 시대, 사랑이 부족하거나 혹은 사랑이 메말라 버린 시대다.

우리는 늘 '사랑한다'고 속삭이지만 그 사랑은 인스턴트 커피처럼 달콤하면서도 새털처럼 가벼워서 매일 한 잔씩 소비하고 버리는 종이컵같은 사랑일지도 모른다. 아니라고? 우리 시대의 사랑이 그렇게 가벼울 리가 없다고 우겨대지만 목숨보다 더 소중하고 아름다운 그런 사랑은 찾아보기 어려운 시대다.

날마다 사랑하고 헤어져도 내일은 새로운 사랑을 찾아 떠나는 것이 일상이다. 사랑을 소비하는 시대에 우리는 영화를 통해 〈사랑과 영혼〉을 느끼고 소설 속에서나 〈사랑〉을 읽는다.

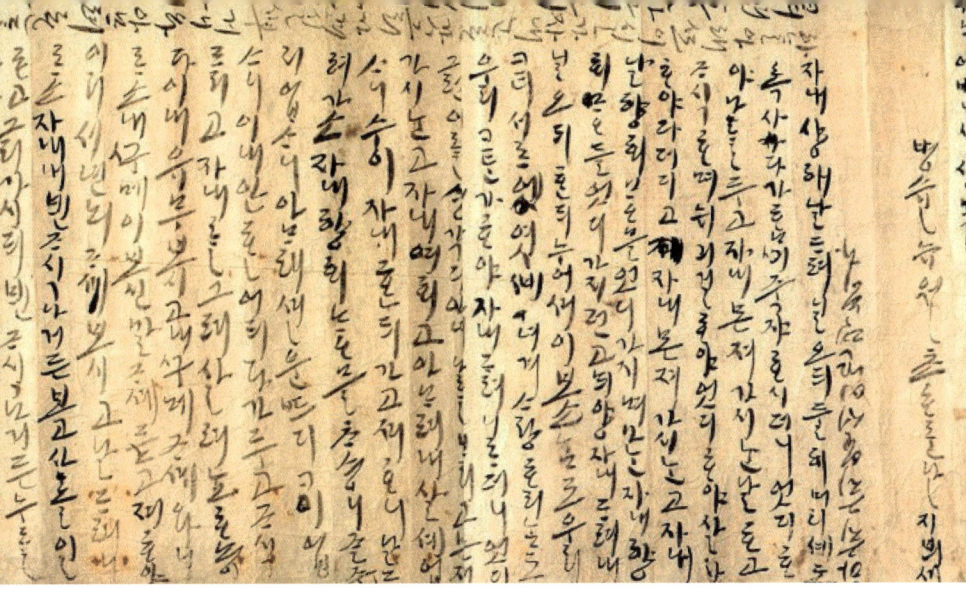

그래도 요즘은 사랑하기 좋은 계절이다. 첫 눈이 펑펑 내렸고, 교통 정체가 짜증나고 집에 갈 일이 걱정되기는 해도 눈 내리는 풍경에는 마음이 설렌다.

오늘도 걷고 또 걸었다. 걷는 것이 무슨 대단한 건강비법은 아니지만 코로나시대 정신건강을 유지하는 방법 중의 하나다.

오늘은 안동대교에서 시작해서 안동댐 쪽으로 향했다. 강변 둔치는 걷기에 딱 좋은 길이다. 시베리아 한파가 사리긴 오늘처럼 낮 기온이 영상 10도까지 치솟아 오른 날에는 마치 차가운 강바람도 봄바람처럼 느껴진다. 미세먼지만 없다면 금상첨화였다.

강변길에서 가장 먼저 만나는 안동철교는 이제 폐로가 됐다. 안동역이 이전하는 바람에 기차는 더 이상 이 다리를 지나지 않는다. 다리를 지날 때마다 꽥~하며 기적을 울리던 풍경을 더 이상 볼 수가 없다. 조금 더 걸으면 인도교로 바뀐 옛 안동교가 나오고 그 옆으로 안동의 강·남북을 잇는 영호대교가 있다. 그 다음 만나는 다리가 영가대교로 안동의 신도시 '정하동'으로 통하는 길목이다. 법원과 한전 경북본부 등이 들어섰고 아파트 등 주거단지가 줄줄이 조성됐다.

500년 전의 한 조선여인이 '원이엄마'라는 호칭으로 비련(悲戀)의 주인공이 등장하게 된 것은 정하동 신도시 택지 조성 때문이었다. 1998년 안동 신도시 택지개발지구 조성을 위해 주인없는 무덤을 이장하는 과정에서 '철성 이씨'라 적힌 명정(무덤에 덮는 천)이 발견됐다. 이에 고성 이씨 문중 입회 아래 발굴 작업이 이뤄졌다. 이 무덤의 주인은 서른 한 살의 나이로 세상을 떠난 이응태(李應台, 1556~1586)로 밝혀졌고 부장물 중에는 아내가 쓴 장문의 한글 편지와 '미투리' 한 쌍이 온전한 형태로 있었다.

무덤 속에 봉인돼 있다가 412년 만에 세상에 모습을 드러내게 된, 아내의 편지는 사랑하는 남편을 떠나보내게 된 절절한 심정이 담겨있어 사랑에 무심해진 우리 시대에 큰 울림으로 다가왔다.

'원이엄마'는 아들 원이와 뱃속에 유복자를 둔 채 세상을 떠난 원이 아빠를 그리며 가로 58cm, 세로 34cm의 한지에 붓으로 빼곡히 쓰다가 할 말을 다 쓰지 못한 것인지 한지의 위쪽 여백에도 돌아가면서 편지를 썼다.

사랑하는 남편의 호칭은 '여보'나 '자기'가 아닌 '자내'였다.

"내 샹해 날다려 닐오대 둘히 머리 셰도록 사다가 함께 죽쟈 하시더니 엇디하야 나를 두고 자내 몬져 가시노. 날하고 자식하며 뉘 긔걸하야 엇디하야 살라하야 다 더디고 자내 몬져 가시난고."(당신 늘 나에게 이르되, 둘이서 머리가 희어지도록 살다가 함께 죽자 하시더니, 어찌 나를 두고 당신 먼저 가십니까. 나와 자식은 누구한테 기대어 어떻게 살라고 다 버리고 당신 먼저 가시나요.)

우리가 결혼식에서 늘 듣던 '검은 머리가 파뿌리가 되도록 사랑하겠느냐'는 말을 원이엄마는 '둘히 머리셰도록 사다가 함께 죽쟈하시더니 엇디하야 나를 두고 자내 몬져 가시노'라고 원망하는 안타까운 마음이 구구절절이 담겨있다.

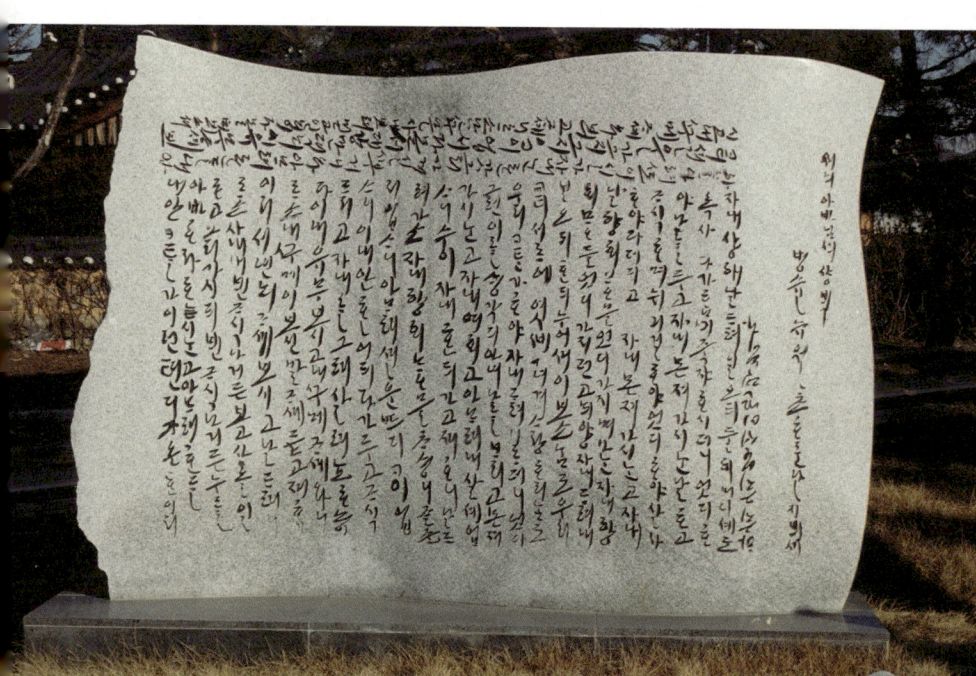

이어지는 편지를 우리가 이해하기 쉽도록 옮겨본다.

"…당신이 나에게 어떻게 마음을 가져왔고, 나는 당신에게 어떻게 마음을 가져왔었나요?

함께 누우면 언제나 나는 당신에게 말하곤 했지요.

'여보, 다른 사람들도 우리처럼 서로 어여삐 여기고 사랑할까요? 남들도 정말 우리 같을까요?' 어찌 그런 일들 생각하지도 않고, 나를 버리고 먼저 가시는 가요.

당신을 여의고는 아무리 해도 나는 살수 없어요. 빨리 당신에게 가고 싶어요. 나를 데려가 주세요. 당신을 향한 마음을 이승에서 잊을 수 없고, 서러운 뜻 한이 없습니다.

내 마음 어디에 두고, 자식 데리고 당신을 그리워하며 살 수 있을까요.

이내 편지 보시고 내 꿈에 와서 자세히 말해 주세요.

당신 말을 자세히 듣고 싶어서 이렇게 글을 써서 넣어 드립니다.

자세히 보시고 나에게 말해 주세요.

당신 내 뱃속의 자식 낳으면 보고 말할 것 있다 하고 그렇게 가시니, 뱃속의 자식 낳으면 누구를 아버지라 하라시는 거지요?

아무리 한들 내 마음 같겠습니까?

이런 슬픈 일이 또 있겠습니까?

당신은 한갓 그 곳에 가 계실 뿐이지만, 아무리 한들 내 마음 같이 서럽겠습니까?

한도 없고 끝도 없어 다 못 쓰고 대강만 적습니다.

이 편지 자세히 보시고 내 꿈에 와서 당신 모습 자세히 보여 주시고 또 말해 주세요.

나는 꿈에는 당신을 볼 수 있다고 믿고 있습니다. 몰래 와서 보여 주세요.

하고 싶은 말, 끝이 없어 이만 적습니다."

병술 유월 초하룻날 집에서 아내 올림

서른 즈음의 젊은 아내가 사랑하던 남편을 떠나보내는 안타까운 심경이 구구절절 담긴 편지 한 장이 어쩌면 이토록 우리 가슴에 와 닿는지 눈물이 난다. 사랑이란 시간을 거스를 수도 있고 시대와 국경을 뛰어넘기도 한다.

현재 원이엄마의 편지와 무덤에서 발굴된 수의 등 부장품들은 안동대학교 박물관에 전시돼있다. 그런데 안타까운 것이 무덤의 주인은 밝혀졌으나 편지의 주인공은 원이의 엄마라는 사실 외에는 이름이 밝혀지지 않았다. 사랑을 잃은 가여운 이름도 모르는 조선의 여인이다.

그녀는 원이와 뱃속에 둔 아이까지 두고 떠난 남편을 위해 자신의 머리카락을 잘라 만든 미투리 한 켤레도 삼아 넣었다. 이 미투리를 싼 한지도 한글편지였으나 "이 신 신어보지도 못하고.."라는 미투리 한 켤레를 넣어 보내는 원이엄마의 안타까운 심경을 담은 글귀 외에는 확인할 수 없었다고 한다. 안동대박물관은 코로나19 확산에 따른 거리두기의 일환으로 문을 닫았다. 코로나사태가 완화되면 박물관을 다시 열어 누구나 볼 수 있을 것이다.

원이엄마가 남긴 사랑가는 메마르고 퇴색한 사랑을 노래하는 우리 시대에 경종을 울리고 있다.

원이엄마의 편지가 발견된 무덤은 안동법원에서 500m 남짓 떨어진 언덕빼기에 지어진 '현진에버빌' 104동 자리다. 그 곳에서 멀지않은 영가대교 입구 사거리에는 원이엄마 테마공원이 있다. 공원 한켠에는 원이엄마의 편지가 조각된 비석이 박제된 사랑의 표상처럼 세워져있었고 동상으로 세워놓은 '원이엄마'는 저녁놀이 비치는 낙동강을 바라보고 있었다.

꽃피는 봄이 지나고 여름이 오면 이 거리에는 능소화가 흐드러지게 필 것이다. 이 공원에서 영호루가 있는 낙동강변 1km 거리는 능소화 거리다. 원이 엄마 그녀가 먼저 보낸 남편을 그리워하며 걸었을 그 길에 능소화가 흐드러지게 피고 질 때 우리는 다시 5백년 전 그 사랑을 기억하게 될 것이다.

제 3 부　퇴계의 향기

문득 기형도의 시 한편이 떠올랐다.

사랑을 잃고 나는 쓰네
잘 있거라, 짧았던 밤들아
창밖을 떠돌던 겨울안개들아
아무것도 모르던 촛불들아, 잘 있거라
공포를 기다리던 흰 종이들아
망설임을 대신하던 눈물들아
잘 있거라, 더 이상 내 것이 아닌 열망들아
장님처럼 나 이제 더듬거리며 문을 잠그네
가엾은 내 사랑 빈집에 갇혔네

우리 시대의 사랑표현보다 사랑에 대한 조선여인의 감성이 얼마나 가슴 저미는 아픔이었는지 새삼 느낀다.

"나는 꿈에는 당신을 볼 수 있다고 믿고 있습니다. 몰래 와서 보여주세요"라는 여인의 속삭임보다 더 절절한 그리움이 있을까.

월영교(月映橋)에 도착했다. 달빛이 교교하게 비치는 월영교의 야경은 어디에 내놔도 손색이 없을 정도로 아름답다.

안동호 하부 보조댐 호수를 가로지르는 월영교는 원래 있던 다리가 아니다. 2003년 완공돼 개통된 국내 최대 길이의 목책 인도교다. 원이엄마의 애틋한 사랑을 기린다는 의미로 다리의 전체적인 형상을 원이엄마의 미투리를 모티브로 삼았다. 총 길이는 387m에 이른다. 다리 한가운데에는 달빛이 비치는 정자라는 의미의 '월영정'(月映亭)이 있다. 동절기에는 동파방지를 위해 분수대를 가동하지 않지만 봄부터 가을까지 저녁에는 시원한 분수를 가동해서 색다른 재미를 주기도 한다.

사진애호가들이 즐겨 찾는 출사지이기도 하다.

월영교 건너편 민속박물관 쪽 강변길은 원이엄마 테마길로 조성돼 있어 작은 병(상사병)과 사랑의 자물쇠를 걸어 영원한 사랑을 기원할 수 있도록 꾸며놓았다. 그러나 인근 박물관 매점에서 파는 상사병이나 자물쇠가 중국 유명관광지에서 볼 수 있는 상술이 그대로 드러날 정도의 조악한 수준이라 관광객들의 호응이 없다.

오히려 호젓하게 산책을 원한다면 원이엄마 테마길에서부터 강변에 조성해놓은 나무데크 길을 따라 한참을 걸어보는 것이 더 좋겠다.

아니면 원이엄마 테마길 바로 옆 언덕위에 있는 '석빙고'와 '선성현 객사', 수몰지역에서 옮겨 놓은 초가집 등을 둘러보자. 안동 석빙고는 조선 영조 13년 (1737년) 부임한 예안 현감 이매신이 지은 것으로 낙동강에서 많이 잡히는 은어를 왕에게 진상하기 위한 얼음을 저장하기 위한 것이었다.

　이 석빙고 바로 앞에 이끼가 낀 커다란 장방형의 바위가 하나 있다. 바위에는 '월영대'(月映臺)라는 글자가 새겨져있는데 시기를 알 수 없는 아주 오래 전에 이 곳에 '금하재'라는 정자가 있었다는데 옛 선비들이 달빛을 바라보며 풍류를 즐기던 곳이었던 모양이다. 최근에 지은 월영교는 이 월영대에서 이름을 차용한 셈이다.

　석빙고 옆에는 조선시대 건물 한 채가 있는데 안동댐 수몰지인 도산에서 이건해 놓은 '선성현 객사'다.

08 하회마을

　도산서원과 병산서원, 봉정사와 하회마을 그리고 유교경판, 모두 안동이 보유(?)하거나 안동에 있는 세계문화유산과 기록유산들이다. 안동과 같은 작은 지방도시가 유네스코가 선정한 다섯 개 정도의 세계유산을 자랑한다는 것은 전 세계 어느 나라에서도 찾아보기 어렵다. 안동에는 세계문화유산 외에도 국보가 다섯 개, 보물이 43개나 있어, 말 그대로 대한민국 최고의 역사문화도시라는 명성에 손색이 없다.

　'부용'(芙蓉)은 연꽃이다. 하회마을의 옛 이름은 부용촌(芙蓉村)이었다. 마을이 형성된 형상이 연꽃이 핀 모양을 연상케 했다. '북애'(北崖)라고도 불리던 마을 북쪽 강 건너 절벽이 '부용대'(芙蓉臺)가 된 것은 연꽃마을을 내려다보는 곳이라는 의미를 담고 있다. 낙동강이 휘돌아 감싸 안아 '하회(河回)마을'이라고 명명된 이 곳은 원래 부용대에서 바라

보게 되면 연꽃이 활짝 피는 모양으로 보여서 오래 전부터 '부용마을'로 불렸다.

하회마을을 둘러보고 난 후 부용대에 올라 마을을 내려다보면서 방금 둘러본 고택들을 한 눈에 넣어보는 것도 좋지만, 아예 하회마을에 들어가기 전에 미리 부용대에 올라 하회마을을 둘러싸고 있는 전경을 바라보는 것도 하회마을을 제대로 볼 수 있는 좋은 방법이다.

부용대에서는 내려오면서 서애 류성룡이 지은 옥연정사와 서애의 맏형 류운룡의 겸암정사도 봐야 한다. 그러나 코로나19로 인해 요즘은 옥연정사는 외부인의 출입을 막고 있다. 예전에는 부용대에서 하회마을로 건너갈 수가 있었다. 나룻배를 탈 수도 있었고 영국 앤드루 왕자가 방문했을 때는 섶다리까지 설치해 놓았으나 지금은 섶다리로는 통행할 수 없도록 했다.

아주 오래된 중국영화중에 한중수교 전에 수입 상영된 〈부용진〉이라는 영화가 있다. 마오쩌둥(毛澤東) 시대의 아픈 기억인 문화대혁명을 소재로 다룬 영화로 문화대혁명 시대의 한 마을에서 일어난 사건이 주요한 스토리다. 이 영화의 무대가 부용진이라는 마을인데 말 그대로 연꽃이 피는 마을이었다. 마오쩌둥 시대의 상처를 정면으로 다룬 이영화의 배경이자 무대가 마오쩌둥의 고향인 후난성 '왕촌'(王村)이라는 소수민족 투자족(土家族)이 모여 사는 마을이라는 것은 역사의 아이러니다. 이 마을 역시 연꽃이 피는 모습을 닮았다고 해서 부용진(芙蓉鎭)이라고 불렸고 강가에는 늘 연꽃이 피어났다. 영화가 인기를 얻은 후 왕촌

의 이름은 자연스럽게 연꽃마을 〈부용진〉으로 바뀌었다.

이 영화는 한중수교(1992년)가 되기 전인 1989년 수입된 최초의 중국(중공)영화로 당국의 특별승인을 얻어 호암아트홀에서 대중에게 상연돼 화제가 되기도 했다.

하회마을은 중국의 부용진을 연상시킨다. 부용진이 한 때 부족국가

를 이뤘던 투자족의 수도격이었다면 하회마을은 풍산 류(柳)씨들이 수백 년 동안 모여 살아 온 씨족마을이었다. 지금도 하회마을 주민의 70% 이상이 류씨 집안사람들이라고 한다.

하회마을은 2010년 경주 양동마을과 더불어 유네스코가 선정하는 세계문화유산에 등재됐다. 오랜 문화적 전통이나 문명의 독보적 증거로 예술성이 담긴 축제나 행사가 잘 보존됐다는 평가를 받았고 특히 실제 사람들이 거주하면서 인간과 문화유산이 잘 조화를 이루는 보편적인 사례라는 극찬도 받았다. 하회별신굿 놀이 등의 전통문화가 잘 보존돼있다는 점도 높은 점수를 받았다.

하회마을에 가기 위해서는 하회마을 입구 하회장터 매표소에서 입장권을 끊은 후 주차장에서 (무료)셔틀버스를 타거나, 하회마을 만송정으로 이어지는 오솔길을 따라 1.2km 걸어들어가는 방법이 있다. 하회마을 안으로는 마을 주민 차량이나 공무 외에는 차량출입이 금지돼 있다. 그러나 하회마을을 천천히 걷더라도 1시간 정도면 대충 둘러볼 수 있을 정도로 아담한 규모이기 때문에 오솔길을 통해 걸어서 들어가는 것을 추천한다. 오솔길로 들어서서 걷다보면 낙동강이 보이고 멀리 부용대도 나타난다.

하회마을은 봄이 좋다. 오솔길을 따라 산길을 오르락 걷다보면 물오른 버드나무 가지들의 새순이 순간순간 올라오는 것을 볼 수도 있고 봉오리를 맺고 꽃망울 터뜨리기 시작하는 벚꽃군락과 충효당과 양진당 마당의 벚꽃과 목련까지 다 만날 수 있다. 고택에 핀 꽃을 만나는 일은 도심에서 만나는 봄꽃보다 더 반가울 수밖에 없다. 봄마다 철마다 피는 꽃이라도 수백년 역사를 담고 있는 유서깊은 고택의 봄은 남다르게 다가온다.

하회마을은 계절의 변화를 유감없이 잘 드러내는 리트머스시험지와도 같은 마을이다. 봄이면 봄꽃, 여름이면 짙어진 녹음과 더불어 낙동강외 유량과 유속이 빨라지면서 '물돌이 마을'의 정취를 흠씬 느끼게 해주고, 가을에는 초가지붕위로 살포시 드러난 앙상한 감나무가지에 매달린 홍시들이 한폭의 동양화를 만들어준다. 하회마을의 겨울은 추울 듯 하지만 눈 내린 풍경은 어디에서도 볼 수 없는 장관이다.

하회마을에 갈 때는 아는 만큼 보인다.

마을을 둘러보는 코스는 몇 가지가 있겠지만 마을 중앙에 있는 양진당을 중심으로 한 기념비적인 몇몇 고택을 둘러보는 것만으로 하회를 다 봤다고 할 수는 없다. 그러나 상당수 고택들에 후손들이 거주하고 있어 아예 문을 걸어잠그고 있어 실제로 관광객들이 들어갈 수 있는 고택은 제한돼있다는 점은 아쉽다. 일부 고택들은 아예 관광객들의 접근을 막겠다며 자동차로 골목입구를 봉쇄한 볼썽사나운 풍경도 노출해, 눈살을 찌푸리게 한다. 하회마을에서도 관광객들이 실제로 관람할 수 있는 고택은 '양진당'과 '충효당', '북촌댁' 정도 밖에 되지 않는다. 양진당도 사랑별채만 개방돼있다. 그나마 별채 마당에는 목련이 활짝 피어 다행이다.

충효당은 서애 류성룡의 종택이다. 그래서 '서애종택'이라고 불리지만 서애가 살았던 집은 아니다. 지금의 충효당은 서애 사후 지은 집이라고 한다. 이 집의 당호를 '충효당'이라고 지은 것은 '충과 효외에 달리 할 일은 없느니라'(忠孝之外無事業)라는 서애가 임종 직전 자손들에게 한 당부에서 나왔다.

충효당에는 안동을 방문한 영국 엘리자베스 2세 여왕의 흔적도 곳곳에 남아있다. 충효당 앞에는 엘리자베스 2세 영국 여왕이 심은 구상나무가 있었고, 그 옆에는 여왕 방문 20년 만에 하회마을을 다시 찾은 앤드루 왕자의 방문을 기념하는 기념 표식이 세워져 있었다. 충효당 입구에서는 매화가 소리없이 지고 있었고, 안채 마당에서는 벚꽃이 아직 한창이었다.

한 두 주가 지나면 목련과 벚꽃 개나리와 진달래 등의 봄꽃들은 언제 핀 적이 있었느냐며 흔적도 없이 사라질 것이다.

충효당과 양진당을 보고난 후 마을 한가운데에 있는 삼신당을 찾았다. 하회마을 삼신당은 수령이 600여년이 넘는 나무로 이 마을 사람들이 성스럽게 여기는 곳이다. 화산 중턱의 상당(서낭당)과 중당(국신당)과 더불어 하당으로 불리면서 마을사람들의 소망을 비는 삼당을 이루게 된다. 정월 대보름 밤에 마을의 안녕을 비는 동제를 상당과 중당에서 지낸 후 다음 날 아침에 이 삼신당에서 제를 올린다.
하회별신굿놀이를 시작하는 곳도 이 삼신당이다.

09
체화정

체화정의 봄

'봄꽃'은 성격이 급하다. 봄기운을 살짝만 느껴도 지체없이 꽃망울을 터뜨리고 빼꼼이 고개를 내민다. 얼마나 급한지 잎이 움트기도 전에 꽃부터 피우는 꽃들이다. 순서를 거스르지 않는 것이 자연의 섭리지만 성격 급한 봄꽃은 참지 못한다.

눈 내리는 겨울, 봄이 멀지 않았다는 것을 동백은 붉디붉은 꽃잎째 떨어지면서 전령사 노릇 마다하지 않는다.

남도는 봄꽃이 한창이지만 산골 깊숙한 안동에는 봄꽃 소식이 '올락말락'한다.

여기선 동백도 보기 어렵다. 그럼에도 순서대로 봄꽃들이 하나둘씩 꽃망울을 터뜨리기 시작했다. 이번 주말에라도 봄비 내리면 목련이 활짝 필 것 같다. 홍매화는 곳곳에서 나 홀로 붉은 자태를 뽐낸다. 산수유도 시작이다. 매화와 목련이 나올 차례다. 꽃들도 순서를 안다. 아무리 성격이 급하다고 해도, 기상이변현상이 재촉하더라도, 꽃들도 자연을 거스르지 않는 법이다.

봄기운이 완연해지는 3월 중순이 지나면 개나리와 진달래가 온세상을 울긋불긋하게 만들어줄 것이다. 그 때쯤이면 진달래 한 잎 따다가 화전(花煎, 꽃전)을 부쳐 먹거나 막걸리 잔에 진달래 꽃잎 동동 띄워 두견주 마시는 호사라도 누리고 싶다.

사는 게 얼마나 삭막한 지, 도심에 사는 도시인들은 빌딩숲 한 켠에 심어놓은 자목련 한 그루만 봐도 하루가 즐겁고, 동네 골목 어귀에서 만나게 된 마당 깊은 집에 핀 봄꽃만 발견해도 반갑다.

봄의 섭리란 건 아무리 추운 동장군의 기세등등했던 그 겨울도 한 철뿐이란 걸 해마다 깨닫게 해주고 늘 봄은 새로운 봄이라는 것이리라.

안동에서 예천방향으로 가다가 만나는 풍요로운 마을이 있다. 풍산이다.

풍산개의 원산지인 함경도 풍산과 지명이 같다. 풍산은 코로나바이러스19 팬더믹을 극복하리라 믿었던 AZ(아스트라제네카)백신을 위탁생산하는 SK바이오사이언스 안동공장이 있기도 한 바이오산업의 메카이기도 하다.

풍산장터로 들어가는 초입에서 정갈하고 깔끔한 정자 한 채를 만나면서 깜짝 놀랐다.

어떻게 이런 시끌벅적한 대로변에 세상과 담을 쌓은 듯 평온한 정자가 자리하고 있을까하는 생각이 들었다.

체화정(棣華亭)이다. 안동에는 곳곳에 정자가 있다. 하나같이 선현들의 역사와 문화 체취가 배어있는 정자다. 영화와 드라마의 무대가 되기도 한 만휴정과 고산정도 있고 체화정과 소호헌 같은 나름의 사연을 담고 있다.

체화정은 조선 중기라고 할 수 있는 영조 37년(1761)에 죽사 이민적이 형인 이민정과 함께 책을 읽고 학문을 연마하면서 형제간의 우의를 다진 곳이라는 의미에서 '체화정'이라는 이름이 붙었다. 체화(棣華)는 상체지화(常棣之華)의 줄임말로 형제간의 우애와 화목을 의미한다고 한다. 〈시경〉(詩經) '상체'편에 나오는 말로 산앵두나무의 꽃은 수많은 꽃잎을 갖고 있는데 이는 형제가 많아서 집안이 번성한다는 것을 뜻한다. 당체지화(棠棣之華)라고도 한다.

추측컨대, 체화정을 지은 이민적이 높은 벼슬에 오르지 않고 그저 '진사'(進士)였다고 하니 아마도 학문을 닦기보다는 형과 함께 정자에 올라 어울려 놀면서 풍류에 더 몰두하지 않았나 하는 여담도 새겨들을 만하다. 단아한 체화정을 보고 풍류를 떠올린 건 정자 앞의 인공연못과 인공섬이 예사롭지 않았기 때문이다. 지금은 체화정 바로 앞으로 큰 길이 뚫리는 바람에 정자의 분위기가 달라졌지만 체화정에 올라 연못안의 '삼신산'을 바라보면 꽤 운치가 있다.

체화정 앞의 네모난 연못에는 세 개의 둥근 섬이 조성돼있다. 이는 '하늘은 둥글고 땅은 네모나다'는 동아시아 전통 우주론을 나타내는 것이라고 체화정에 내걸린 안내문이 친절하게 알려준다. 이 세 개의 인공섬은 신선이 사는 '삼신산'을 의미한다. 중국 전설에서 유래한 삼신산(三神山)은 봉래산(蓬萊山)·방장산(方丈山)·영주산(瀛洲山)의 세 산으로 불로불사하는 신선들이 산다는 곳이다.

체화정을 지은 때가 탕평책을 시행한 영조시대니까 그나마 안동 선비들에게는 태평성대와 같은 호시절이었을 것이다.

체화정은 1985년 10월 15일 경상북도유형문화재 제200호에서 2019년 12월 30일 보물 제2051호로 승격했다. 건물은 '막돌허튼층쌓기'의 기단 위에 막돌초석을 놓고 두리기둥을 세운, 정면 3간 측면 2간으로 꾸며졌다. 살림채도 따로 있었던 모양이다.

전면은 개방된 툇마루로 되어있고, 그 안쪽에 온돌방을 들이고, 좌우에 우물마루로 마감된 마루방이다. 온돌방 정면에는 '눈꼽째기창'이라는 작은 창을 내서 문을 열지 않아도 밖을 내다볼 수 있게 한 것이 독특하다.

체화정이라는 현판 안쪽에는 담락재(湛樂齋)라고 쓴 이중 현판이 있어 눈에 들어왔다. 형제간 우애가 돈독해야 부모에게 효도할 수 있다는 의미인데 조선 최고의 서화가 단원 김홍도(金弘道)의 글씨다.

체화정에선 문득 고산 윤선도가 말년을 지낸 보길도의 세연정이 떠올랐다. 제주도로 유배가는 길에 들른 보길도의 풍광에 빠져 눌러앉은 고산은 세연정을 비롯한 여러 누각을 짓고 어부사시사 등을 지으며 여생을 보냈다. 세연정이 자리한 원림과는 차이가 있지만 단아한 정자를 짓고 연못을 파서 조선시대의 전형적인 원림을 조성, 은둔생활을 했다는 점에서 고산의 시대보다 100여년 뒤인 조선 중기 선비들의 삶도 크게 달라지지 않았다는 것을 미루어 짐작하겠다.

   세연정엔 지금 목련이 뚝뚝 꽃잎채 떨어질 테지만 체화정 앞뜰의 목련은 이제야 꽃망울을 맺기 시작했다. 노오란 산수유도 피어나기 시작했다. 키낮은 목련과 산수유에게 다가가 킁킁 냄새를 맡았다. 봄냄새가 그윽하게 코끝을 찔렀다.
   '체화정의 봄'이다.

풍산장

체화정에서 100여m만 걸어내려가면 풍산장터가 나오고 거기서 부터가 풍산읍내다. 가는 길에 문닫은 풍산 시외버스정류장도 나오고 소달구지를 끌고가는 농부와 주막집 벽화도 정겹다.

풍산(오일)장은 1917년경에 현재의 자리에 형성돼 인근의 안동구시장과 더불어 상업의 중심지 역할을 했다. 장은 매월 3, 8일에 열리지만 지금은 과거와 같은 북적거림도 없는 시골장이다. 당시 곡물과 과일 철물 땔감 기름 등이 주로 거래되었을 텐데, 시장 곳곳의 조형물들 중에는 지게에 나무를 해서 파는 나무꾼들이 많아 이를 반증한다.

풍산읍내는 이 시장을 중심으로 형성돼있다. 시장은 오일장이 서는 날에만 반짝하고 평소에는 사람들의 발길이 뜸했다. 그래도 돼지국밥 식당도 있고 한우갈비식당. 횟집과 치킨집 분식집 등 있을 것은 다 있고 없는 건 없다.

대형마트가 우리 소비생활을 장악했다. 과거와 같은 오일장이 성황을 이루는 시대는 다시는 돌아오지 않을 테지만 장터에 가면 그 시절과 장꾼들의 모습이 눈에 선하다.

그래도 장날이 돌아오면 전국 각지를 떠도는 장꾼들이 자리를 잡고 온갖 물건들을 선보이고 마트보다 장날을 기다려 온 어르신은 어슬렁 어슬렁거리며 장을 보고 국밥집에 앉아 집으로 돌아가는 버스시간을 기다리며 세월을 보낼 것이다.

풍산장터 입구에는 방송에도 소개된 유명한 대구식육식당이 자리하고 있다. 소불고기와 돼지주물럭 등이 인기품목이다.

10
소호헌

조선은 왕의 나라인가? 신하의 나라인가?

1392년 태조 이성계의 개국부터 1910년 순종까지 조선은 27명의 왕이 이어받아 519년간 존속했다. 그 오백년의 시간은 왕의 시간이었을까, 대신의 시간이었을까, 혹은 백성의 시대였을까?

여러 이야기를 할 수 있지만, 한마디로 말해서 조선은 왕의 나라도, 신하의 나라도 아니었다. 조선은 성리학의 기반 아래 완비된 과거제도 등에 의해 선발된 엘리트들이 관리하는 통치 체제가 구축된 나라였다. 왕이라고 해서 마음대로 할 수 있는 왕의 나라는 더더욱 아니었다. 영의정과 좌의정 우의정 등 삼정승과 육조판서의 '삼공육경'(三公六卿)

이 있었지만 고위관리인 내, 외직의 임명과 파직은 이조(吏曹) 전랑(銓郞)의 권한이었다. 이조는 오늘날의 총무처 그리고 인사혁신처의 역할을 다 갖고 있었다.

　왕도 신하도 독단적인 권한을 행사하지 못하도록 하는 절묘한 상호 권력 견제장치였다. 어느 시대에나 권력을 장악하기 위한 세력 간의 갈등은 있게 마련이었고 조선시대는 당파싸움, 즉 당쟁의 시대였다고 해도 과언이 아니다. 당파는 조선의 통치철학인 성리학의 해석을 둘러싼 견해 차이에서 비롯된 것이라고 해도 틀리지 않았다.

　'서인과 동인', '남인과 북인', '노론과 소론' 그리고 '대북과 소북'으로 당파는 사안에 따라 분화돼나갔다.

당파싸움의 시작은 훈구파와 사림파의 대립으로부터 시작했을 것이다.

사극에 자주 등장하는 한명회가 대표적인 훈구파의 거두라면 사림파는 훈구파에 의해 사화를 겪으면서도 살아남아 조정에 진출한 선비들이었다. 사림파는 서인과 동인으로 분화되고 대표적인 동인은 퇴계 이황과 남명 조식이었다. 즉 초야에 묻혀있던 선비들이 훈구파를 몰아내고 조정에 진출해서 사림파가 되었고 그들의 노선 차이가 다시 서인과 동인으로 갈라서게 한 것이다.

안동은 동인의 태두인 퇴계학파의 본산이었다. 조선에서 주자학을 최초로 완벽하게 이해하고 가르친 이가 퇴계였다. 퇴계는 인간의 존재를 이(理)와 기(氣)로 구분하고 '이기이원론'을 폈다. 여기에 고봉 기대승은 반론을 폈고 율곡은 고봉의 주장을 이어받았다. 그것이 '이기일원론'이었다. 조선의 당쟁은 이처럼 주자학을 해석하는 예송논쟁과 '이기'를 둘러싼 해석차이에서 비롯된 것이었다고 해도 과언이 아니다.

물론 퇴계는 동인과 서인으로 분화하기 전의 사림이었지만 스스로 당쟁의 주역인 적은 없었다. 그러나 퇴계의 제자들은 대부분 동인으로 활동하면서 서인과 대립했고 그래서 조정에 나아가지 못했다. 그렇다고 사림파의 일원이었던 동인과 서인이 늘 적대적인 관계였던 것은 아니다.

심지어 율곡은 벼슬에서 물러나 계상(溪上)서당에 머물고 있던 퇴계를 만나기 위해 1558년 봄 안동에 찾아온 적도 있다. 58세의 퇴계와 약관 23세의 율곡의 세기적인 만남이었다.

퇴계의 수제자가 학봉 김성일(1538~1593)이듯, 안동은 그때부터 퇴계학파의 중심이었고 주자학의 본향이 되었다.

〈강아지똥〉의 동화작가 권정생 샘의 향기가 묻어나는 안동 일직에는 기념비적인 공간이 있지만 지나치기 일쑤다. 대구에서 의성을 지나 안동 경계에 들어서면서 가장 먼저 만나게 되는 마을이 일직이다. 일직면소재지에 도달하기 직전, 소호리 국도변에서 고택 한 채가 고즈넉하게 보인다. '소호헌'(蘇湖軒)이다.

'소호헌'은 국가가 지정한 보물 이상으로 안동에선 각별한 의미를 갖는 곳이다. '소호헌'은 퇴계 문하가 아닌 '율곡' 이이 문하에서 공부하고 성장한 약봉 서성의 태실이 있는 곳이다. 퇴계학파의 본향에서 서인 계열의 소호헌이 자리 잡았다는 것은 사화(士禍)를 밥 먹듯이 일삼던 적대적 당쟁과는 거리가 멀어 보인다. 그도 그럴 것이 약봉 서성의 부친인 서해가 퇴계의 제자였다면, 어쩔 수 없이 어린 나이에 한양으로 올라가게 된 약봉이 율곡문하에서 공부함에 따라 서해, 서성 부자는 각각 퇴계와 율곡에게 사사받아 동인과 서인을 넘나들게 된 집안이라고도 할 수 있다.

소호헌은 조선전기 문신 서해(徐嶰, 1537~1559)가 서재로 쓰던 별당이었다. 우리 독립운동의 산실인 임청각을 지은 고성 이씨 집안의 이명(李洺)이 자신의 다섯째 아들 이고(李股)가 결혼을 하게 되자 분가시키면서 지어준 집이었다. 그런데 대구 서 씨인 서해가 이고의 앞을 못보는 딸과 결혼하자, 선물로 이 소호헌을 내어준 것이다.

서해는 당대 안동 최고의 가문에 장가를 들었다. 대구 서씨 또한 서거정과 같은 가문으로 서해의 부친 서고(徐固)가 예조참의를 지내는 등 당당한 명문가였다.

　안타깝게도 서해는 23세의 젊은 나이에 세상을 떠났고, 서해의 아내는 소호헌에서 태어난 어린 아들 서성(徐渻, 1558~1631)을 데리고 한양으로 가서 술과 약과를 만들어 팔면서 아들을 공부시켰다. 이 소호헌 왼쪽 건물이 바로 약봉(藥峯) 서성의 태실이다.

　약봉은 안동에서 태어났지만 한양으로 올라가 율곡문하에서 공부를 한 덕에 벼슬길에 올라 승승장구했다. 약봉은 경상, 강원, 황해, 평안, 함경, 경기 등 6도 관찰사와 도승지, 대사헌, 형조판서, 병조판서 등을 역임했다.

　서성의 네 아들도 모두 입직해서 높은 벼슬에 올랐나. 첫째는 우의정에 올랐고 둘째는 종친부전첨, 셋째는 현감, 넷째는 선조의 사위가 됐다. 셋째는 병자호란이 일어나자 가족을 거느리고 안동 소호헌으로 내려오기도 했다. 소호리 태생 서성이 서울로 올라가서 집안을 크게 일으킨 셈이다.

지금의 소호헌은 대구 서씨 종중 소유로 종중에서 관리하고 있다.

소호헌에 도착한 때는 노을이 지기 직전이었다. 오백년이 더 지난 고택이었지만 관리가 잘 된 덕분인지 지금도 누군가 문을 열고 나와서 낯선 손님을 맞이할 것 같았다. 소호헌 뒷뜰 목련은 봄 햇살을 받아 작열하듯 꽃을 피우고 있었다.

바야흐로 봄의 절정이었다. 그 옆 작은 정원에 '소호헌 보물 제 47호'라고 장난스럽게 장식을 해놓은 것이 눈에 들어왔다.

소호헌은 앞면 3칸, 옆면 2칸이 대청이다. 앞면 1칸, 옆면 2칸은 누마루가 놓여있다. 누마루에 붙은 대청은 'ㄱ'자로 꺾였는데 앞면 2칸 옆면 1칸 크기의 온돌방이 붙어 'T'자 모양의 평면을 이루고 있다. 이 소호헌의 지붕 모서리를 장식한 기와에는 용 두 마리가 새겨져 있는데 민가나 여염집에서는 찾아 볼 수 없는 용 문양이다. 누마루의 수막새에는 봉황문양이 있다. 용과 봉황을 새겨넣은 기와로 집을 짓는다는 것은 당시로서는 최고의 사치를 부린 건축이라고 할 수도 있다.
그러나 만일 조선 후기에 일반 민가에서 용문양이 들어가 있는 기와를 사용해서 집을 지었다는 사실이 알려졌다면, 아마도 역모의 죄를 범하였다며 삼대가 멸문지화를 당했을 지도 모르는 위험천만한 일이었을 것이다.

이 집을 지은 이고가 99칸짜리 임청각을 짓는 등 민간에서는 최고의 집을 지은 것과 마찬가지로 소호헌을 지으면서도 나름 최고의 집을 꾸민 것으로 볼 수 있을 것 같다. 그러나 당시로서도 왕실에서만 쓸 수 있는 용과 봉황 문양을 기와 문양으로 쓴 것은 미스터리로 남아있다. 건축을 실제 담당한 대목수의 실수가 아니라면, 용 문양을 쓸 수 있는 큰 인물이 이 가문에서 나기를 기대하는 보다 큰 뜻이 담겨있었던 것은 아니었을까 유추해볼 수 있지만 근거는 없다.

   '소호헌'에서 국도를 따라 6.5km정도 안동으로 가다가 낙동강의 지류인 미천이 구비도는 암산유원지 바로 옆에는 고산서원이 자리하고 있다.
   고산서원은 퇴계학파의 대학자로 인정받으며 '소퇴계'로 불리는 대산 이상정이 강학한 서원이다. 퇴계학파의 고산서원과 율곡 이이에게 사사받은 약봉의 소호헌이 지척 간에 나란히 자리하고 있다는 것은 조선당쟁의 격화라기 보다는 '탕평(蕩平)의 정치'가 이곳에서도 소박하게 이뤄진 것이라고 볼 수 있지 않을까.

안동에 빠지다, 안동홀릭

2022년 7월 18일 초판 발행
2022년 7월 18일 초판 1쇄
2024년 2월 29일 초판 2쇄

지은이 서명수
　　　　diderot@naver.com
발행인 서명수
발행처 서고
주 　소 (36744)경상북도 안동시 공단로 48
전 　화 054-856-2177
팩 　스 054-856-2178

ISBN 979-11-979377-0-5

*이 책은 저작권법에 따라 보호를 받는 저작물이므로 무단전제와 복제를 금합니다.
*이 책의 내용을 일부 또는 전부를 사용하려면 반드시 저작권자의 동의를 받아야 합니다.
*잘못된 책이나 파손된 책은 구입하신 서점이나 출판사에서 교환해드립니다.